슈파이에르(Speyer): 부써는 수도원을 떠난 뒤 이곳에서 피난처를 찾았다.

에베른부르크(Ebernburg): 부써가 울리히 폰 후텐과 함께 프란츠 폰 지킹겐을 보좌했던 곳.

바이센부르크(Weißenburg): 이곳에서 부써의 개혁적 설교들은 큰 호응을 얻었다.

스트라스부르의 아우렐리아 교회 (Aureliengemeinde): 부써는 1524년에 이곳의 설교가로 임명되었다.

울름(Ulm): 부써는 이 도시가 종교개혁을 수용하는데 결정적인 역할을 했다.

필립 멜랑흐톤(Philip Melanchthon, 1497-1560): 성찬의 불일치 문제를 해결하기 위해 부써는 1534년 카쎌(Kassel)에서 그를 만났다.

말부르크(Marburg): 부써는 1529년 이곳에서 개최된 성찬에 관한 종교담화에 참석했다.

스트라스부르의 성 도마교회 (St. Thomaskirche): 부써는 이곳의 설교자 요 수석 목사였다.

캠브리지(Cambridge): 부써는 1549년부터 1551년 죽을 때까지 이곳에서 신학교수로 봉사하였다.

53세(1543년)의 마르틴 부써. 르네 부와뱅 당어르(Rene Boyvin d'Angers)의 동판화. 1561-62년경의 것으로 추정되는 프리드리히 하게나우어(Friedrich Hagenauer)의 메달.

마르틴 부써. 프리드리히 하게나우어의 1543년 동판화.

하이델베르크(Heidelberg): 라인(Rein) 강 상류에 위치한, 선제후령 팔쯔(Pfalz)의 수도인 이곳에서 부써는 처음으로 루터를 만났다.

슐레트슈타트(Schlettstadt)의 역사 도서관.

슐레트슈타트(Schlettstadt)에서 마르틴 부써가 태어난 장소로 추정되는 건물의 기념 현판.

캠브리지(Cambridge)의 성 마리아(Great St. Mary) 대(大)교회 바닥에 있는 부써 기념비. 새겨진 라틴어의 의미는 다음과 같다. "오래 전, 거룩한 신학의 왕립 교수 마르틴 부써를 기념하며. 그의 몸은 1551년 이곳에 매장됨. 1557년에 파내어져 법정에서 불태워졌으나 1560년에 그를 기념하고 명예롭게 하는 두 번째 장례식을 치름."

삶, 나 아닌 남을 위하여
: 마르틴 부써의 기독교 윤리

삶, 나 아닌 남을 위하여
: 마르틴 부써의 기독교 윤리

초판1쇄 2007년 5월 24일
개정판 1쇄 2016년 1월 8일

옮긴이 황대우
펴낸곳 SFC출판부
등 록 제 114-90-97178
　　　　(137-803) 서울특별시 서초구 고무래로 10-8 2층 SFC출판부
　　　　Tel. (02)596-8493　Fax. 0505-300-5437
홈페이지 www.sfcbooks.com　　**이메일** sfcbooks@sfcbooks.com

기획 이의현
편집 편집부
디자인편집 이새봄
영업마케팅 장향규
인쇄처 성광인쇄 (경기도 파주시 교하로 432)
　　　　Tel (031)942-4814　Fax (031)942-4816

ISBN 978-89-93325-89-8 03230

값 7,500원

잘못 만들어진 책은 언제든지 교환해 드립니다.

삶,
나 아닌 남을 위하여

마르틴 부써의 기독교 윤리

황대우 편저

SFC

삶, 나 아닌 남을 위하여
: 마르틴 부써의 기독교 윤리

1부
자신이 아닌 이웃을 위한 삶 _13
들어가면서

-제1장-
누구든지 자기 자신을 위해서가 아니라 다른 사람들을 위해
산다는 것과, 어떻게 그렇게 할 수 있는 지에 관하여

-제2장-
어떻게 하면 자신이 아닌 다른 사람을 위해 사는
이상적인 삶에 이를까?

2부
스트라스부르의 종교개혁가 마르틴 부써 _69

1. 부써의 생애
2. 그의 저술들
3. 교회연합운동의 선구자 마르틴 부써
4. 스트라스부르의 "기독교 공동체(Christliche Gemeinschaften)"

3부
교제로서의 예배와 삶 _109
: 마르틴 부써의 예배 이해

1. 부써의 대표적인 저술
2. 종교개혁 원리와 예배개혁
3. 부써 예배론의 원리
4. 부써 예전 개혁의 의의

서문

처음 계획은 그동안 작성해 놓은 글 가운데 개혁파 종교개혁가들(Reformed Reformers)에 관한 것들을 묶어서 '개혁주의 사상'이라는 제목으로 출판하는 것이었는데, 사정이 여의치 못해 먼저 스트라스부르의 종교개혁가 마르틴 부써에 관한 것만 따로 모아 이렇게 출판하게 되었습니다. 이 책이 비록 부피는 작지만, 마르틴 부써라는 독립된 제목으로 출판되는 첫 번째 한글 책이라는 점에서 충분한 의미가 있다고 할 수 있습니다.

이 책의 1장은 마르틴 부써의 주요 저작 가운데 하나로 개혁 초기에 출판된 작품을 번역한 것입니다. 그리고 2장은 부써의 생애와 의의에 대해서 약술한 것이고, 3장은 스트라스부르 개혁가의 예배론을 다룬 것입니다. 이 세 장 모두에서 공통된 주제는 "자신이 아닌 이웃을 위한 삶"이라는 부써의 기독교 대강령입니다. 부써에게 있어서 이 강령은 단순히 듣기 좋은 구호에만 그치는 것이 아니라, 그 자신이 언행일치(言行一致)의 삶을 통해 보여준 "살아 있는 기독교 윤리"(living ethics of Christianity)였습니다. 아니 그보다 그는 이 원리를 단순히 "윤리"라는 차원에만 국한시키지 않고 한 걸음 더 나아가 창조 원리이자 동시에 그리스도께서 회복하신 기독교의 핵심으로 보았습니다. 왜냐하면 그와 같은 섬김과 봉사를 위해 그리스도께서 낮아지셨던 것이며, 또한 이것이 기독교의 생명, 즉 하나님 사랑의 실체라고 생각했기 때문입니다.

아무튼 이 작은 책을 통해 소개된 1세대 개혁파 종교개혁가인 마르틴 부써의 존재와 진가가 오늘날 한국교회에 새로운 관심과 잔잔한 감동을 불러일으킬 수만 있다면 더 이상 바랄 것이 없습니다. 우선 이 책의 출판을 기꺼이 맡아준 SFC 출판부 담당 김성민 목사님께, 그리고 언제나 격려와 배려를 아끼지 않으시는 박갑태 목사님과 창원은광교회 성도님들께 감사드리며, 또한 유학 기간뿐만 아니라, 귀국 후에도 많은 도움과 희생을 감수한 동생 대성에게 이 자리를 빌려 미안함과 고마움을 전하고 싶습니다. 마지막으로 이 책을 사랑하는 아내 김혜정과 아들 수빈, 딸 여빈에게 바칩니다.

편저자 황대우 목사

개정판 서문

뜻밖에도 개정판을 출간하게 되어 기쁩니다. 이것을 기획한 SFC출판부에 다시 한번 감사를 드립니다. 또한 지난 6년 동안 부족한 사람을 품어주신 진주북부교회 성도님들과, 담임이시며 제 목회의 멘토이신 서보권 목사님께 특별한 감사의 뜻을 전하고 싶습니다.

2016년 12월 진주북부교회 내 종교개혁연구소에서
황대우 목사

1부

자신이 아닌 이웃을 위한 삶

*The Life
for not self but others*

마르틴 부써 지음
황대우 옮김

Martin Bucer의 1523년도 작품

*Das ym selbs niemant, sonder anderen leben soll,
und wie der mensch dahyn kummen mog*[1]

누구든지 자기 자신이 아니라 다른 사람을 위해 살아야 한다는 것과 어떻게 그것에 도달할 수 있는지에 관하여

---

[1] 이것은 부써가 스트라스부르에서 행한 설교 가운데 하나로서, 1523년 8월에 출판된 그의 첫 작품이다. 그 내용은 중세 스콜라 신학의 대가 토마스 아퀴나스(Thomas Aquinas)와 16세기 성경적 인문주의의 대표자 에라스무스(Erasmus van Rotterdam)의 영향을 받은 것으로 평가된다. 그러나 부써의 이 첫 작품에 가장 큰 영향을 끼친 인물로 루터를 꼽는 것이 더 정당할지도 모른다. 1518년 하이델베르크 논쟁 이후 루터주의자가 된 부써는 틀림없이 1520년에 출판된 루터의 『그리스도인의 자유』(*De libertate christiana*)라는 논문을 탐독했을 것인데, 거기서 루터는 다음과 같이 주장하고 있기 때문이다. "이 참되고 순수한 신앙이야말로 기독교적인 삶의 법칙이기 때문입니다. 그러나 참되고 순수한 믿음이 있는 곳에서만 그 사랑은 참되고 순수합니다. 그래서 [바울] 사도는 고린도전서 13장에서 사랑에 대해 '자기의 유익을 구하지 아니하며'라고 정의합니다. 그러므로 우리의 결론은 그리스도인이란 자기 자신이 아니라, 그리스도 안에서 이웃을 위해 사는 것이요, 그렇지 않다면 그는 그리스도인이 아니라는 것입니다." 이 소책자의 불어번역판은 스트라스부르 신학부 명예교수 앙리 스트롤(Henri Strohl)이 1949년에 『이웃 사랑에 관한 소논문』(*Traité de l'Amour de Prochain*)이라는 제목으로 번역 출간했으며, 영어번역판은 푸르만(P.T. Fuhrmann)이 1952년에 『기독교 사랑에 대한 가르침』(*Instruction in Christian Love*)이라는 제목으로 번역 출간했다.

들어가면서

우리 아버지 하나님과 주 예수 그리스도의 은혜와 평강이 함께 하시기를! 저는 우리 주 예수 그리스도로 말미암아 우리 아버지 하나님께 감사와 지극한 찬양을 드립니다. 그는 여러분 속에 자신의 말씀에 대한 사랑과 열망의 불을 밝히시고, 그래서 그것을 열심히 찾고 구하도록 하십니다. 그것이 믿음의 말씀이며, 이 믿음의 말씀으로 의와 구원이 우리에게 도달합니다. 그러므로 성 바울은 그것을, 믿는 모든 사람을 위한 구원에 이르는 능력이라 불렀습니다. 여러분이 그와 같이 그것을 열심히 듣고 또 열심히 구하기 때문에 여러분은 하나님께로부터 태어난 사람들이며, 그리스도의 참된 회중입니다. 의심의 여지없이 제국에 속한 도시가 황제의 말에 순종하고 그의 명령을 지키는 것처럼, 확실히 그리스도의 나라와 참된 교회는 그와 같이 열심히 그리스도의 말씀을 듣고 그 열심을 보존하는 곳에 있습니다. 그 말씀은 헛되이 그분께로 되돌아가지 않고 항상 무엇인가를 사로잡습니다. 때문에 그 말씀은 결단코 여러분을 놓지 않을 것입니다. 마치 우리 모두가 서로에게 빚진 자인 것처럼, 제 자신이 받은 은혜로 저의 형제요 동지인 여러분을 격려하는 이유는, 여러분 가운데 몇 사람이 제게 요청한 문제, 즉 우리가 우리 자신이 아니라 이웃을 위해 살아야 한다는 점과 어떻게 하면 이 땅에서 그런 완전한 상태에 도달할 수 있는지에 대해, 그들에게 성경을 토대로 기록한 소논문과 권면을 보내기로 결심했기 때문입니다. 그들은 이전에 그와 같은 문제들을 다룬 저의 강의에는 만족하지 못했었습니다.

    은혜의 아버지께서 우리 구주 예수 그리스도로 말미암아 이것이 우리 가운데 단순히 말로만 존재하지 않도록 해 주시기를 바랍니다. 하나님의 나라는 말에 있는 것이 아니라 능력에 있기 때문입니다. 또한 아버지께서, 여러분이 저의 설명이나 다른 사람들의 설명에 머물지 않고 스스로 하나님의 성경에 몰두하도록, 그리고 여러분의 참되고 유일한 목자이신 예수 그리스도의 참된 양들로서 그의 목소리를 들을 수 있도록 해 주시기를 바랍니다. 그 결과로 여러분이 믿음 안에서 자라가고 여러분 자신이 아니라, 여러분의 이웃과의 모든 사랑 안에서 완전해지고, 그리스도로 말미암아 전능하신 아버지와 함께 살아갈 수 있고 그분을 영원토록 송축하며 찬양할 수 있기를! 아멘.

                                  스트라스부르에서 1523년 8월에

제1장

> **❝** 누구든지 자기 자신을 위해서가 아니라
> 다른 사람들을 위해 산다는 것과,
> 어떻게 그렇게 할 수 있는 지에 관하여 **❞**

하나님께서는 만물을 그분의 뜻대로 지으셨습니다(잠 16:4). 그러므로 만물은 하나님을 향하고 그분께 복종해야만 합니다. 만들어진 것은 무엇이든지 그것을 만든 자에게 유용하도록 만들어집니다. 어떤 피조물도 하나님과 비견될만한 존재는 있을 수 없으며, 따라서 그들은 결코 신적으로 그분, 즉 그들의 창조주를 섬길 수도 없습니다.

이것은 마치 사람이 만든 물건이 이해력과 대화 능력이 없고, 따라서 자신을 만든 사람을 인격적으로 섬길 수 없는 것과도 같습니다. 옹기가 옹기장이를 결코 도울 수 없는 영역은 옹기장이를 이해하거나 옹기장이에게 말을 거는 영역입니다. 술통 또한 술통을 만드는 사람을 이해하거나 그에게 말을 건넬 수는 없습니다. 그러나 보다 낮은 행위, 즉 음식을 만드는 것과 같은 행동은 – 이것은 동물들에게도 필요하므로 인간만의 행위라고 할 수는 없지만 – 우리로 하여금 서로 교제하게 하고 협동하게 합니다. 이러한 방법으로 생산품은 생산자를 발전시키고 도울 수 있습니다. 옹기장이는 옹기를 팔고, 술통 만드는 사람은 술통을 팝니다. 그리고 그들은 제빵사에게서 빵을 사고, 식육점 업자에게서 고기를 삽니다.

이에 반해 하나님께서는 불가해한 신적 존재로서 우리의 섬김을 필요로 하지 않습니다. 왜냐하면 만물은 하나님 안에서 하나님께로부터 존재하며 하나님의 소유일 뿐만 아니라, 하나님 자신이 곧 만유이시기 때문입니다. 그분은 우리와 모든 피조물들을 창조하시되 그분의 선하심을 깨달을 수 있도록 창조하셨습니다. 또한 그와 같은 선하심으로부터 존재하게 된 만물이 그 선하심을 누리고 그분의 존재를 깨닫도록 하셨습니다. 이런 이유 때문에 하나님의 피조물인 우리는 하나님의 선하신 통치하심 속에서 하나님을 섬길 수 있고 또 섬겨야만 합니다. 즉 각각의 피조물들은 하나님께서 그들을 만드시고 그들에게 주신 것을 가지고 다른 모든 피조물들을 선한 마음으로 섬겨야 한다는 것입니다. 그리할 때 세상 도처에서 하나님을 찬송하는 소리가 일어나고 울려 퍼지게 될 것입니다. 왜냐하면 "여호와께서는 모든 것을 선대하시며 그 지으신 모든 것에 긍휼을 베푸시기"(시 145:9) 때문입니다. 이 시편 본문에서는 또 이렇게 노래하기도 합니다. "그들이 주의 크신 은혜를 기념하여 말하며 주의 의를 노래하리이다."(7절)

사탄과 사람을 제외한 모든 피조물은 여전히 이 같은 신적 존재에 소속되어 있습니다. 정말이지 다른 피조물들은 자신들을 위해 존재하지 않습니다. 그러므로 그들은 자신을 섬기는 것이 아니라 하나님을 섬깁니다. 또한 그들은 자기 자신뿐만 아니라 자신이 소유한 모든 재산과 능력으로 자신의 본성과 질서에 따라 선을 행함으로써 다른 피조물들을 섬깁니다. 가령 하늘이 운행하고 빛을 비추는 것은 자신을 위함이 아니고 다른 피조물들을 위함입니다. 마찬가지로 땅도 자신을 위해서가 아니라 다른 피조물들을 위해 생산합니다. 다른 모든 식물들과 동물들 역시 자신의 모습대로, 소유대로, 능력대로 그리고 실제 행동으로 다른 피조물들, 특히 인간의 유익과 발전을 위하고 있습니다. 하나님께서는 처음 한 쌍의 사람에게 이렇게 말씀하시면서 복을 주셨습니다. "생육하고 번성하여 땅에 충만하라, 땅을 정복하라, 바다의 물고기와 하늘의 새와 땅에 움직이는 모든 생물을 다스리라. 하나님이 이르시되 내가 온 지면의 씨 맺는 모든 채소와 씨 가진 열매 맺는 모든 나무를 너희에게 주노니 너희의 먹을 거리가 되리라, 또 땅의 모든 짐승과 하늘의 모든 새와 생명이 있어 땅에 기는 모든 것에게는 내가 모든 푸른 풀을 먹을 거리로 주노라 하시니 그대로 되니라."(창 1:28-30)

이것은 하나님의 말씀입니다. 우리에게 아무리 이상하게 보일지라도 모두 진실입니다. 하나님의 말씀은 우리의 말과 같은 것이지만, 그것은 동시에 행동이기도 합니다. 따라서 하나님께서 말씀하시매 만물이 창조된 것입니다(시 148:5). 사람에게 복을 주시면서 말씀하신 "생육하고 번성하라."(창 1:28)는 것도 단순히 말에 그친 것이 아닙니다. 하나님께서는 실제로 사람에게 힘과 능력을 주셔서 그가 생육하고 번성할 수 있고 또 반드시 그렇게 되도록 하신 것입니다. 하지만 사람이 본성을 거역하고 아무런 선도 행하지 않으려 한다면, 동일한 하나님, 곧 본성의 창조주께서는 그에게 다른 자유를 주실 것입니다. 분명히 하나님께서는 이해력과 재능과 힘도 사람에게 주셔서 땅과 물과 공중의 모든 피조물들을 다스리도록 하셨습니다.

또한 그 모든 것들을 인간 자신의 쓸모와 선을 위해 사용하도록 하셨습니다. 그래서 하나님께서 사람에게 복을 주신 후에 다음과 같이 기록하신 것입니다. "그러므로 모든 것이 그대로 되니라."(창 2:1) 사람에게 모든 피조물들이 더욱 복종하도록 하기 위해 하나님께서는 동물과 새를 사람 앞으로 부르시어 그에게 그들의 이름을 짓도록 하셨습니다. 그리고 사람이 각각에게 부쳐준 이름이 진실로 그들의 이름이 되었습니다.

이 모든 것으로 미루어 볼 때, 다른 모든 피조물들은 사람의 유익을 위해 섬기도록 되어 있음이 분명합니다. 하지만 반대로 사람 역시 하나님께서 정해 놓으신 대로 그들을 사용함으로써 그들을 섬겨야 합니다. 모든 것을 하나님께서 지으신 목적에 맞게 사용하는 것은 고귀하고 신령한 일일뿐만 아니라, 또한 영광과 유익을 가져다주는 일이기도 합니다. 정장을 입는 일, 빵을 먹는 일, 포도주를 마시는 일, 아내를 맞이하여 아이들을 낳는 일, 현명한 사람을 의회에 앉히는 일 등과 같은 모든 일들이 그러한 것에 속합니다. 그러나 모든 피조물들을 적절히 사용해야 하는 것보다 더 큰 섬김의 의무가 있는데, 그것은 하나님께서 사람을 위해 그와 같은 존재들을 지으시고, 그 존재들 안에 사람에 대한 사랑을 심으셔서 사람에게 봉사하고 사람을 위해 유익을 구하도록 하신 것입니다. 이처럼 하나님께서는 피조물들이 자기 자신들이 아니라 다른 피조물들을 위해 선하고 유익하기를 원하셨습니다.

하나님께서는 또한 이렇게 말씀하셨습니다. "사람이 혼자 사는 것이 좋지 아니하니 내가 그를 위하여 돕는 배필을 지으리라."(창 2:18) 창세기 1장에서는 하나님께서 모든 피조물들이 사람을 섬기도록 정하시기 전에 "하나님이 지으신 그 모든 것을 보시니 보시기에 심히 좋았더라."(창 1:31)고 말합니다. 이 말씀이 다음과 같은 사실을 뜻한다는 것은 부인할 수 없습니다. 즉 만물은 서로를 위하도록 되어 있기 때문에 각각 다른 피조물을 섬기되, 사람에게 유익하도록 복종해야 한다는 것입니다. 그리고 반대로 인간 역시 다른 피조물을 섬기되, 그들을 선하고 유용하게 다스려야 한다는 것입니다. 그럴 때 그 모든 것들은 하나님의 질서 속에서 심히 좋은 것이 될 것입니다. 사실 성경은 다른 존재들에게 유익을 줄 때만 "좋다"라고 말합니다. 예를 들어 좋은 열매를 맺는 나무라야 좋은 나무가 되는 것입니다. 그런데 오직 하나님 한 분만이 모든 피조물들에게 유익을 주실 수 있습니다. 그 외에 다른 모든 피조물들은 그들이 주는 것보다 더 많은 것을 받을 뿐입니다. 그러므로 그리스도께서는 자신을 선한 주인이라고 부르던 사람에게 이렇게 말씀하신 것입니다. "네가 어찌하여 나를 선하다 일컫느냐 하나님 한 분 외에는 선한 이가 없느니라."(막 10:18, 참고. 마 19:17; 눅 18:19)

위에 언급한 질서에 따라 만물은 심히 좋았습니다. 육적인 피조물들은 종속적인 섬김으로 사람을 섬기고, 사람은 그것들을 바르게 사용함으로써, 즉 하나님께서 정해놓으신 통치 방법에 따름으로써 그들을 섬겼습니다. 그리고 이로써 그 둘은 서로에게서 유익을 얻었고, 또 서로에게 선을 행했습니다. 하나님께서도 그들을 통해 그분의 선을 수행하셨습니다. 그런데 사람은 하나님의 형상을 따라 창조되었기 때문에, 그 역시 하나님과 천사처럼 서로를 영적으로 이해할 수 있고 사랑할 수 있었습니다. 그러나 하나님께서 "사람이 혼자 사는 것이 좋지 아니하니 …"(창 2:18)라고 말씀하신 것은 그가 이런 점에서 하나님을 닮지 않았음을 말해줍니다. 그 밖에는 모든 것이 심히 좋았습니다. 다른 모든 것은 사람에게 유익하고 선을 제공할 수 있었고, 그도 다른 모든 것들을 유용하고 선하게 만들 수 이 있었습니다. 그럼에도 불구하고 사람이 다른 피조물들을 바르게 사용함으로써 가져오는 유익과 선이란 모두 육적인 것이었을 뿐입니다. 하지만 그는 이제 다른 피조물들은 할 수 없는 영적인 유익도 생산할 수 있어야 했습니다. "나의 천사는 자신에게는 부족한 것이 없으나 그가 우리에게는 도달할 수 없도다. 그러므로 그를 우리와 같이 만들되, 마치 나 하나님 아버지와 아들과 성령인 우리가 우리의 신적 본질을 공유하는 것처럼 사람도 역시 동일한 본성과 동일한 선을 가진 천사와 동료가 되도록 만들자. 또한 그 사람이 역시 하나님을 닮은 다른 사람을 취하도록 하여 육적인 것과 영적인 것, – 그의 본성이 이 두 성품이기 때문에 – 이 둘 모두에 있어서 서로를 섬길 수 있고 이해할 수 있도록 하자."

따라서 하나님께서는 사람이 두 가지 측면의 봉사를 완벽하게 할 수 있도록 아담을 위해 자신의 형상을 닮은 돕는 배필을 만드셨습니다. 물론 하나님께서는 이전에도 아담에게 돕는 자들을 많이 주셨지만, 그들은 하나님의 형상을 닮은 자들이 아니었습니다. 이에 반해 하나님께서는 그들과 비교되는 아주 큰 사랑을 아담의 마음에 심으시고 그의 동반자에게 선을 행하도록 하셨습니다. 하나님께서 새로 창조된 아내를 자신에게 인도하셨을 때, 아담은 다음과 같이 외쳤습니다. "이는 내 뼈 중의 뼈요 살 중의 살이라. 이것을 남자에게서 취하였은즉, 여자라 부르리라 하니라. 이러므로 남자가 부모를 떠나 그의 아내와 합하여 둘이 한 몸을 이룰지로다."(창 2:23–24)

사람에게 그의 본성을 따라 생육하고 번성하는 임무를 주셨듯이, 하나님께서는 다른 사람에게 선을 실천할 수 있도록 더 많은 동기를 부여하셨습니다. 그래서 부모가 영적으로나 육적으로 최선을 다해 자기 자녀를 선한 사람이 되도록 자신의 피와 살같이 사랑하고 즐거워하는 것처럼, 자녀들 역시 부모를 동일한 사랑과 열정과 선으로 대하는 것입니다. 마찬가지로 아내가 남편에게 돕는 배필로 창조된 것처럼, 남편 또한 그녀를 동일한 사랑과 열정과 선으로 대하는 것입니다. 만일 사람의 본성이 죄로 인해 부패하지 않았더라면, 그렇게 심겨진 상호 간의 사랑은 영적인 면에서든 육적인 면에서든 어떤 이기심도 없었을 것이며, 결코 부족하지 않았을 것입니다. 그리고 우리는 진심으로 서로를 섬기며, 하나님의 온전한 율법에 일치하는 삶을 살았을 것입니다.

그러나 사악한 천사와 함께 있을 때, 그 사건이 발생했습니다. 천사들은 자신들의 동료인 사람을 섬기고, 나아가 모든 피조물들을 선하게 섬기도록 창조되었습니다. 히브리서 1장 14절은 이렇게 말합니다. "모든 천사들은 섬기는 영으로서 구원 받을 상속자들을 위하여 섬기라고 보내심이 아니냐?" 하지만 그들은 죄를 범함으로써 인간과 모든 피조물들에게 치명적인 해를 가하며, 그들을 파괴하는 쪽으로 완전히 기울어져 더 이상 통제 불가능의 상태가 되었습니다. 이로써 타락한 천사들은 버림받고 더 이상 다른 피조물들로부터 어떤 유익도 얻을 수 없게 되었습니다(잠 5:15). 오히려 하나님께서 친히 그들을 저주하셨으므로 하나님의 모든 피조물들 또한 그들을 대적해야만 했습니다.

그런데 이와 같은 일이, 사람이 하나님께로부터 떠나자, 사람에게도 일어났습니다. 이제 사람은 이기적이게 되어 자기 자신의 유익만을 추구하게 되었습니다. 하지만 정작 그러한 유익을 얻지 못할 뿐만 아니라, 자신이 모든 피조물들로부터 얻을 수 있고 얻어야만 했던 모든 선함과 즐거움조차 빼앗겨버렸고, 또 지금도 매일 빼앗기고 있습니다. 왜냐하면 하나님께서 완고한 사람을 그들의 완고함에 따라 다루시듯이, 다른 모든 피조물들도 하나님과 함께 완고한 자들을 대적하기 때문입니다(시 18:27). 하나님께서는 자신의 성품에 따라 선을 풍성하게 행하시며 모두에게 은혜 베푸시기를 원하십니다(딤전 2:4). 하지만 사람이 하나님께로부터 돌아서게 될 때는 반드시 그들을 악하게 다루시고 정죄하십니다. 그리고 모든 피조물들 역시 이런 점에서 그들의 창조주를 돕습니다. 왜냐하면 하나님을 사랑하는 자들에게는 모든 것이 합력하여 선을 이루는 것이 확실하듯이(롬 8:28), 하나님을 사랑하지 않는 자들에게는 의심의 여지없이 모든 것이 합력하여 멸망을 이루기 때문입니다. 그러므로 사도 바울은 다음과 같이 말합니다. "깨끗한 자들에게는 모든 것이 깨끗하나 더럽고 믿지 아니하는 자들에게는 아무 것도 깨끗한 것이 없고 오직 그들의 마음과 양심이 더러운지라."(딛 1:15)

그러므로 모든 동물들에 대한 우리의 지배력이 약한 것은 놀라운 일이 아닙니다. 또한 우리가 하나님의 다른 피조물들과 더불어 지상의 식물들을 어떻게 사용하는 것이 특별히 유익한지 거의 알지 못한다는 것 역시 놀라운 일이 아닙니다. 아마도 그 식물들 가운데 어떤 것은 약제(藥劑)와 같은 용도로도 사용될 수 있을 것입니다. 그런데 이런 지식을 잃어버렸기에, 오늘날 많은 사람들이 라바르베르(Rhabarber, 대황(大黃)이라는 식물-역주)와 같은 식물들을 사는데 많은 돈을 들이는 것입니다. 하지만 이것은 종종 자신이 가꾼 야채를 먹는 사람에게는 별 도움이 되지 않습니다. 만일 자신이 가꾼 야채가 무엇인지 알기만 한다면, 그는 큰 비용과 수고 없이 야채로부터 도움을 받을 수 있을 것입니다. 그러나 우리는 하나님에 대한 지식과 더불어 피조물에 대한 지식도 잃어버렸습니다. 이제는 우리가 더 이상 하나님을 섬기며 살기를 원하지 않는 것처럼, 피조물도 더 이상 우리를 섬기지 않습니다. 우리가 창조주를 원하지 않는 만큼, 피조물들 역시 우리를 원하지 않습니다. 우리가 사탄을 따르고 하나님을 무시한 결과, 우리는 잘못된 죄악 속에 던져지게 되었습니다(롬 1:28-32). 그리고 그로 인해 우리는 아무에게도 유익을 주지 못한 채 오히려 점점 큰 재앙만 불러옴은 물론, 결국 영원한 형벌을 받는 상황에 놓이게 되었습니다.

따라서 오직 창조주만을 찬양하고 그분께만 영광을 돌리기 위해서 사용되어야 할 모든 피조물들 역시 우리의 사악한 오용과 욕심 때문에 우리의 구원과 경건을 비난하고 모욕하게 되었습니다. 그 결과 불경건한 자들(불신자들)은 자신과 다른 많은 사람들을 사용하되, 최대한 그들을 파멸시키고 하나님을 모독하는 일을 위해 사용하는 것입니다. 그러므로 세상에 가득한 불경건한 자들에 의해 핍박당하고 악용되는 모든 경건한 자들과 더불어 피조물들도 함께 회복을 고대하며 탄식하면서(롬 8:19-22), 하나님의 아들들이 나타나기만을 간절히 기다리는 것입니다. 왜냐하면 모든 피조물들은 자신들의 뜻과 상관없이 허무한 것에 굴복하게 되었기 때문입니다.

믿음이 없는 자에게는 유일하게 선하신 하나님이 없기 때문에, 선한 것이 결코 있을 수 없고 오직 헛된 것만 있게 됩니다. 그래서 그들은 헛된 것들을 위해서만 만물을 사용하게 됩니다. 하지만 피조물들은 계속해서 그들에게 종속되어 있게 됩니다. 왜냐하면 사람이 그 피조물들을 다스리도록 하나님께서 정하셨기 때문입니다. 그러나 하나님의 아들들이 나타나게 되는 최후의 날에 우리가 예수님과 함께 영광중에 나타나며(골 3:4), 또 예수님과 같은 모습으로 나타나게 될 것이기 때문에(요일 3:2), 바울 사도가 말한 대로, 그 때에 "피조물도 썩어짐의 종노릇 한 데서 해방되어 하나님의 자녀들의 영광의 자유에" 이르게 될 것입니다(롬 8:21). 즉 피조물 전체가 다시 인간의 선과 행복을 위해 섬기게 될 것입니다. 또한 그 때에는 사람도 창조주 하나님의 영광을 위해 그 모든 것들을 사용하고 다스리게 될 것입니다. 그리고 하나님께서는 만유 가운데 만유가 되실 것입니다(고전 15:28).

피조물 전체가 다시 원래의 질서를 회복하게 될 때, 즉 각 피조물이 다른 피조물의 유익과 기쁨과 행복을 위할 때, 하나님께서는 자신의 피조물들을 은혜의 눈으로 새롭게 바라보실 것입니다. 모든 피조물은 하나님께서 택하신 자들과 더불어 하나님께서 보시기에 심히 좋게 될 것입니다. 물론 여기에 정죄 받은 자들이 참여할 자리는 전혀 없습니다. 오직 선택된 백성만이 하나님의 크신 선하심과 의로우심을 기억하고 그것을 선포하며 찬양하는 일을 계속해서 영원히 하게 될 것입니다(시 145:7).

이 모든 것을 볼 때, 분명한 것은 아무도 자신을 위해 살아서는 안 된다는 것입니다. 왜냐하면 하나님께서는 만물이 자신의 유익이 아니라 타자의 유익을 위하도록 만드셨고, 또한 만물이 표현하고 펼쳐보여야 하는 거룩한 선의 도구와 증거가 되도록 만드셨기 때문입니다. 주 하나님께서는 창조 시에 이러한 만물의 질서를 최초로 만드셨습니다. 하나님께서는 세상을 회복하실 때 그 질서를 다시 회복하실 것입니다. 그 때에는 최초의 질서를 무너뜨린 죄악이 완전히 제거될 것이며, 하나님의 나라가 다시 건설될 것입니다. 모든 육적인 피조물들 가운데 오직 사람만이 하나님의 형상을 따라 만들어졌는데, 이는 영적인 것을 이해하고 소원할 수 있도록 하기 위함이며, 나아가 이것을 통해 하나님의 뜻을 이해하고 따르며 완성케 하기 위함입니다. 하나님께서는 우리가 만물의 더 나은 유익과 구원을 바라도록 요구하십니다. 그러므로 사람이 모든 피조물 앞에 본을 보이는 것은 마땅한 일입니다. 즉 사람은 자신이 하는 모든 일에서 자기 자신을 추구하지 않고 하나님의 영광을 위해 오직 그 이웃과 형제의 안녕만을 추구해야 합니다. 그리할 때 비로소 사람은 다른 모든 창조물들을 올바르게 사용하고 복되게 다스리게 될 것입니다. 또한 이것이야말로 그들의 안녕이며 그들이 누려야할 영예입니다.

이것은 주님의 말씀에서도 분명히 나타납니다. "그러므로 무엇이든지 남에게 대접을 받고자 하는 대로 너희도 남을 대접하라 이것이 율법이요 선지자니라."(마 7:12) 우리는 본성적으로 모든 사람이 우리에게 선을 행하기를 바라지 누구도 악을 행하기를 바라지 않습니다. 그러나 율법과 선지자들이 지시한 대로 우리 인생이 바른 질서 속에 세워지려면, 우리 각자가 선행을 실천해야만 합니다. 그런데 만일 그렇게 할 수 있었다면, 우리는 이미 완전하게 되고, 모든 율법을 완성했을 것입니다. 그래서 사도 바울은 "온 율법은 네 이웃 사랑하기를 네 자신 같이 하라 하신 한 말씀에서 이루어졌나니…"(갈 5:14)라고 말했던 것입니다.

우리는 어떻게 자신을 사랑해야 하는지 이미 잘 알고 있습니다. 하지만 이제 우리가 원하는 것은 그리스도를 본받고 따르는 것이 되어야 합니다. 즉 자신의 죄악된 본성에서 벗어나 다시 바른 위치와 본성으로 돌아오기를 원해야 하는 것입니다. 따라서 우리는 지금까지 타락한 본성의 요구에 따라 우리 자신에게로 향하기만 했던 모든 사랑을 우리 자신으로부터 거두어 이웃에게 두어야 합니다. 왜냐하면 율법의 완성인 사랑이란 자신의 것을 추구하는 것이 아니라, 적이든 친구든 항상 타인의 경건과 안녕을 추구하는 것이기 때문입니다(고전 13:5). 이것은 성경 전체의 가르침인데, 특히 요한복음 13장과 15장, 로마서 14장, 고린도전서 10장과 13장, 빌립보서 2장, 요한서신 전체에서 강조됩니다. 그런데 하나님의 말씀을 통한 영적인 선행과 가르침, 훈계, 징벌을 받아들이는 믿음의 동료들에게 먼저 이 사랑을 실천하는 것은 당연한 일입니다(갈 6:10). 이것에 대해서는 갈라디아서 4장과 다른 성경 구절들을 참고하시기 바랍니다. 하지만 우리가 사랑과 소망 중에서 모든 사람에게 선행을 베푸는 일은, 그가 누구이건 어떤 일에 종사하는 사람이건 따지지 않고 그것을 수용할 수 있는 사람이라면 누구에게나 차별이 없어야 합니다(참고, 마 5:43). 즉 우리는 모든 사람에게 선행을 베풀어야 합니다.

이로 보건대 지상에서 최선의 완전한 상태이자 가장 복된 상태는 가장 유익하고 도움이 되는 방법으로 자신의 이웃을 섬길 수 있는 상태라는 결론이 나옵니다. 하지만 영적인 섬김이 육적인 섬김의 한계를 뛰어넘고, 보편적인 섬김이 특수한 섬김의 한계를 뛰어넘기 때문에, 사도의 직분이야말로 최고의 직분이요, 소명이며 섬김이라 할 수 있습니다. 사도직은 특정한 개인을 위한 것이 아니라 교회를 위한 것입니다. 또한 단지 물질적인 것을 다루는 것이 아니라 영적인 것들을 다룹니다. 즉 영원한 구원을 가져오는 것을 위해 섬기는 것입니다. 죄인을 구원하는 사역은 우리 주 예수 그리스도의 고유한 직분이므로, 이 사역을 위해 하나님께서 세우시고 부르신 사람은 하나님 아버지와 예수 그리스도를 섬기는 자가 됩니다(딤전 2:4). 이런 사람은 하나님의 말씀을 설교함으로써 다른 사람들을 하나님을 아는 지식과 구원으로 인도하고, 그 결과 그들이 하나님의 선하심을 영원토록 찬양하고 노래할 수만 있다면, 자신의 몸과 육적인 모든 것뿐만 아니라, 자신의 영적인 생명까지도 기꺼이 희생할 각오를 합니다. 자기 자신을 위한 것은 전혀 고려하지 않습니다.

모세의 마음가짐도 이러했습니다. 그는 이스라엘 사람들이 범죄했을 때, 하나님께 그들을 용서해 달라고 간구하면서 이렇게 말했습니다. "이제 그들의 죄를 사하시옵소서, 그렇지 아니하시오면 원하건대 주께서 기록하신 책에서 내 이름을 지워 버려 주옵소서."(출 32:32) 바울도 이와 똑같이 말했습니다. "내가 그리스도 안에서 참말을 하고 거짓말을 아니하노라. 나에게 큰 근심이 있는 것과 마음에 그치지 않는 고통이 있는 것을 내 양심이 성령 안에서 나와 더불어 증언하노니, 나의 형제 곧 골육의 친척을 위하여 내 자신이 저주를 받아 그리스도에게서 끊어질지라도 원하는 바로라."(롬 9:1-3)

모든 교황과 주교들, 그리고 영적인 지도자들이 그리스도를 대신하는 자로, 또한 사도를 계승하는 자로 간주되기를 원한다면, 그들은 그와 동일한 마음을 가져야 합니다. 마치 그리스도께서 그분의 어린 양인 우리를 위해 그분의 영혼과 육적인 생명을 주셨을 뿐만 아니라(요 10:11), 우리를 위해 육신이 되셔서 우리가 아브라함의 복에 참여할 수 있도록 하신 것처럼(갈 3:13-14) 말입니다. "하나님이 죄를 알지도 못하신 이를 우리를 대신하여 죄로 삼으신 것은 우리로 하여금 그 안에서 하나님의 의가 되게 하려 하심이라."(고후 5:21) 하나님께서는 우리의 모든 불의를 예수님께 짊어지게 하셨고(사 53:4-5, 12), 예수님께서는 이것을 기쁨으로 지셨습니다. 예수님의 참 제자와 사도들 역시 당연하다는 듯이 주님의 뒤를 따랐습니다. 그들은 신자들을 위해서라면 어떤 목숨의 위협과 궁핍도 감내했을 뿐만 아니라, 죄인들을 위해 핍박받고 정죄된 백성들을 위해 갇혔습니다. 하지만 그들은 오히려 이런 것들을 기뻐했습니다. 로마서 9장 1-3절에서 볼 수 있듯이, 그들의 형제가 구원받을 수만 있다면, 그들은 기꺼이 비난받고 추방되기를 원했습니다.

그러나 그것은 그리스도께서 죽음에 매여 있는 것만큼이나 불가능한 일이었습니다(행 2:24). 왜냐하면 모세가 하나님께서 이스라엘 백성의 죄를 용서하기를 원하지 않으신다면, 자신을 주님의 책에서 제하실 것을 간구했을 때, 하나님께서는 이렇게 말씀하셨기 때문입니다. "누구든지 내게 범죄하면 내가 내 책에서 그를 지워 버리리라."(출 32:33)

하나님을 사랑하신 우리 주님은 이와 같이 이웃의 구원을 간절히 열망하며, 그것을 위해 기꺼이 자신의 구원을 포기하셨습니다. 하지만 그분은 아무런 죄도 짓지 않으셨습니다. 그러므로 그분은 결코 하나님의 책에서 지워질 수 없습니다. 그래서 바울 사도는 이렇게 기록하고 있습니다. "사망이나 생명이나 천사들이나 권세자들이나 현재 일이나 장래 일이나 능력이나 높음이나 깊음이나 다른 어떤 피조물이라도 우리를 우리 주 그리스도 예수 안에 있는 하나님의 사랑에서 끊을 수 없으리라."(롬 8:38-39) 그리스도께서 다른 사람의 죄를 위해 자신을 내어 주신 것처럼, 바울 사도도 많은 사람들을 하나님께로 인도하고 하나님의 영광을 높일 수만 있다면, 자신이 그리스도에게서 끊어져도 좋다고 생각했습니다. 그러나 그는 결코 하나님의 사랑에서 끊어질 수 없었습니다.

이처럼 진지한 열망은 종종 불가능한 것을 소원하기도 합니다. 따라서 이는 바울이 예수님의 사랑에서 끊어지기를 원했다기보다는, 오히려 예수님의 사랑의 위대함 때문에 자신에게 있는 그리스도의 은혜와 복을 탈취하여 형제에게 양도하기를 원했던 것이라 할 수 있습니다. 바울 사도는 빌립보서에서도 가르친 것처럼(빌 2:4, 17), 자신을 어느 누구보다도 비천하게 생각했습니다. 그는 자기 대신에 다른 많은 사람들이 그리스도를 알고 하나님께 영광과 찬송을 돌리기를 원했습니다. 이것이야말로 다른 사람의 짐을 대신 지는 것이요, 이로 인해 그리스도의 율법이 완성되는 것입니다(갈 6:2).

하지만 안타깝게도, 우리 모두가 서로를 위해 그렇게 해야 함에도 불구하고, 이러한 행동은 종종 특별히 사도를 대신하여 우리를 보호하고 그리스도의 직무를 대행하고 있는 사람들에게서만 나타납니다. 그들은 그리스도의 첫 종이요, 하나님의 비밀을 맡은 청지기들입니다(고전 4:1). 그러므로 바울 사도는 이러한 사역을 하는 사람들에게 자신이 그러한 본보기임을 보여주기 위해 편지를 썼습니다(빌 3:17). 게다가 바울 사도는 디모데와 디도가 믿는 자들에게 그러한 본을 보여줄 것을 부지런히 권면하였습니다.

그러므로 우리가 아주 열심히 하나님께 기도하는 것은 사도적인 권위를 가진 모든 사람들이, 즉 사도뿐만 아니라 그리스도의 직무를 대신하고 있는 모든 영적인 지도자들이 그리스도와 사도의 본보기에서 너무 지나치게 멀어지지 않도록 해달라는 것입니다. 비록 그들이 이웃과 이웃에 속한 사람들의 구원을 위해 그들의 구원까지 온전히 양도되기를 간절히 바랄만큼 완전한 사랑에 도달하지는 못하더라도, 최소한 자신의 부끄러운 이익이나 헛된 명예를 추구하지 않고, 이웃에게 복음을 신실하게 전하고, 또 복음이 잘 전달되었는지 살필 수 있도록 해달라는 것입니다.

사역자들은 부분적이나마 사도들의 마음으로 다른 사람들이 율법과 선지자와 그리스도와 모든 사도들 가까이에 다가갈 수 있기를 열망해야 합니다. 모든 서신서와 특히 데살로니가전서 2장에서 이러한 감정을 가장 분명하게 표현한 사람이 사도 바울이었습니다. 슬프게도 우리가 알고 있듯이, 오늘날 대부분의 영적 지도자들은 어느 곳에서든지 그들 자신의 이익만을 찾지, 정작 그들에게 속한 사람들의 잘됨과 구원을 추구하지는 않습니다. 그리고 그들은 이리저리 재어보아서 다른 사람들의 잘됨이 자신들에게 물질적인 이익을 가져다주거나 자신들의 위신에 도움이 될 때에만 그것을 추구하고 있음을 부정할 수 없습니다. 하지만 이 같은 그들의 행위는 사도의 직무와 기독교 정서와는 완전히 상반된 것입니다. 이로써 그들은 지극히 높고 가치 있는 위치에서, 그리고 그들 스스로 자랑스러워하고 즐거워하던 아주 경건한 직무에서 떨어져 버렸습니다. 반면 그들은 이제 완전히 정죄된, 반 기독교적인 생활방식으로 특징되는, 가장 낮고 멸시받으며 가장 악마적인 수준으로 추락했습니다. 그들은 거의 사탄과 같은 존재가 되었습니다. 한 때 하나님께서는 사탄을 사람보다 훨씬 존귀하게 하셨지만, 이제는 모든 저주받은 사람보다 더 비천하도록 하셨습니다.

영적인 지도자들의 직무가 요구하는 것은 그리스도와 동행하면서 각자 자신의 이익을 추구하지 않고 복음 설교를 통해 성도를 모으는 것입니다. 마태복음 12장 30절에서 언급하듯이, 그들이 쉬기 시작하는 순간 그리스도를 반대하고 헤치게 됩니다. 슬프게도 오늘의 상황이 보여주듯이, 그들은 복음 때문에 부자가 되고 세상의 힘 있는 군주가 되었지만, 정작 그 복음을 설교하기는커녕 오히려 복음 설교와 설교의 전파를 부지런히 방해하고 있습니다. 자신과 함께 다른 사람을 영원한 저주로 인도하려는 것은 분명 사탄의 일입니다. 이 모든 것으로 보건데, 현재 영적인 지도자들, 즉 교황들, 주교들, 성직자들과 수사들보다 더 위험하고 혼돈스럽고 저주받은 신분은 없습니다.

그들은 자신들이 획득한 이름과 지위 때문에 모든 사람들에게 아주 열심히 일반적인 유익과 영적인 유익을 가져오도록 노력해야 하며, 이것을 위해 자신의 재산과 몸과 명예와 행복을 걸어야 합니다. 반면 자신들의 이익은 조금도 추구해서는 안 됩니다. 하지만 그들은 이 모든 것을 한 쪽 옆으로 밀쳐 두었을 뿐만 아니라, 그들이 행하거나 행하지 않는 모든 것으로, 그들의 모든 말과 모든 일로 공공의 유익을 방해하고 있습니다. 그리고 대단한 열심을 내어 신실하게 복음을 가르치는 모든 성직자들을 압제하고 있습니다. 따라서 가능하다면 위에서 언급한 부류의 사람들과 그들의 생활 방식에 주의하십시오, 그리고 그럴 수만 있다면 거기서 뒤로 물러나십시오.

비록 그 위치가 하나님의 말씀을 가르치는 것과 같은 영적인 일과 직접적인 관련이 없더라도 세속 권력의 자리는 목회와 가장 가까이에 있는 직분입니다. 거기에는 참된 질서와 외부의 평화를 유지하는 것, 경건한 자를 보호하는 것, 그리고 불경건한 자에게 벌을 줌으로써 그들이 경건한 자에게 잘못을 저지르지 못하도록 하는 것들이 포함되어 있습니다. 그러므로 시민 권력의 섬김은 전 교회 위에 세워지는 것입니다. 즉 그것은 공공의 평화와 법을 지킴으로써 안녕을 교회에 제공하는 것입니다. 이것은 교회로부터 세워진 몇몇 사람들이 특정한 임무를 수행하는 것보다 훨씬 더 중요합니다. 하나님의 말씀을 충실히 공동체에게 공급하는 목사의 직무 다음으로 세속 권력이나 판사의 직무가 중요합니다. 이런 공적인 직무에 있는 자에게 요구되는 것은 자신을 부인하고 자신을 위해서는 아무 것도 구하지 말아야 한다는 것입니다. 이기적인 추구는 이웃에게 기독교적으로 공정하게 행동하지 못하도록 합니다. 왜냐하면 자신의 것을 구하지 않는 사랑이 없이는(고전 13:5) 어떤 활동이나 행위도 기독교적이거나 공정할 수 없기 때문입니다. 이기심은 교회 전체를 명예롭고 기독교적인 방법으로 다스리는 것을 방해할 뿐입니다. 이교도인 아리스토텔레스(Aristoteles)도 다음과 같이 올바른 통치자와 독재자를 구분했습니다. 즉 독재자는 자신의 것을 추구하는 반면, 좋은 통치자는 그가 다스리는 사람의 복지만을 추구한다는 것입니다. 그래서 호머(Homer)도 왕이란 자신의 백성을 돌보기 위해 밤새도록 잠을 이루지 못하는 것이라고 생각했습니다. 호머는 왕에게 그 자신의 일을 돌볼 수 있는 한 순간의 여유도 주고 싶어 하지 않았습니다.

세속 권력이 공동체에 제공해야 하는 봉사에는 비록 하나님의 말씀과 율법을 가르치는 것이 포함되지는 않지만, 자고로 위정자란 하나님의 말씀에 따라 다스려야만 하며, 그들의 권력으로 하나님의 말씀이 이루어지도록 도와야만 합니다. 왜냐하면 하나님께로부터 오지 않은 권력은 없으며, 어느 곳에서든지 현재의 권력은 모두 하나님에 의해 성립된 것이기 때문입니다(롬 3:1). 따라서 모든 권력은 당연히 하나님의 질서와 뜻에 따라 행사되어야 합니다. 그렇게 될 때에만 권력은 비로소 백성들에게 실제적인 번영을 베풀 수 있고, 또 백성들이 하나님을 만유의 주와 만왕의 왕으로 깨닫고 칭송하며, 하나님께 영광을 돌리도록 동기를 부여할 수 있는 것입니다.

하지만 세속 권력이 하나님의 법에 따라 다스리지 않고 또 그들 스스로 하나님의 율법을 지키려고 하지 않을 때에는 그들의 통치가 더 이상 시민들의 선을 위한 것도, 그리고 위대한 왕이신 하나님의 진정한 영광을 위한 것도 아니게 됩니다. 왜냐하면 하나님께서 인정되지 않고 하나님에 대한 순종이 모든 것보다 앞서 요구되지 않는 곳에서는 평화가 참된 평화가 될 수 없고, 정의가 참된 정의가 될 수 없으며, 유익이 되어야 할 것이 오히려 해가 되기 때문입니다. 따라서 하나님께서는 이스라엘 백성이 형제가 될 수 없는 이방인에게서 왕을 얻지 못하도록 금지하시고, 그들의 형제 중에서 하나님께서 뽑으신 자를 왕으로 받아들이도록 명령하셨던 것입니다. 또한 그들의 왕은 일생동안 하나님의 율법을 기록하고 읽음으로써 하나님을 경외하는 것을 배우며, 그분의 말씀과 율법의 명령을 지키며, 그의 마음을 형제보다 높여 교만하지 않으며, 좌로나 우로 치우치지 않아야만 했던 것입니다(신 17:15-20). 따라서 덕스럽게 다스리고 폭군이 되지 않으려면, 하나님의 백성 가운데서 하나님에 의해 선택된 사람이 왕이 되어야만 했습니다. 즉 자기 스스로 왕의 직책에 나아간 자가 아니라 그 직책으로 부르심을 받은 참된 신자가 왕이 되어야만 했습니다.

스스로를 자신의 양이 아니라 하나님의 양들의 감독관으로 생각하는 기독교 위정자들은 자기가 보기에 좋은 대로가 아니라, 양들이 속한 하나님의 율법에 비추어 선한 대로 양들을 다스려야 합니다. 그리고 그런 위대한 사명을 수행하기 위해서는 최소한의 실수조차 범하지 않도록 아주 겸손하면서도 변함없는 경외심을 가지고 하나님 앞에 서야만 합니다.

솔로몬은 이것을 실천했습니다. 곧 그는 하나님께 무

엇보다 가르칠 수 있는 지혜를 달라고 간구했는데, 이를 통해 그는 주의 백성들을 다스리고 선과 악을 구별하고자 하였습니다(왕상 3:9). 이 기도에서 솔로몬은 왕의 직분이 자기 자신이 아니라 하나님께 속한 백성들을 잘 재판하고 유익하게 하며 악으로부터 보호해야 하는 위치라고 고백합니다. 그는 또한 인간의 이성은 악과 참된 선을 구분하거나 적절하게 판단하는 능력이 없으므로 하나님께로부터 이를 배워야 할 필요가 있다고 고백합니다. 우리가 이것을 잘 배우게 되면, 하나님께서 우리에게 주시는 힘든 고난의 의미도 잘 깨닫게 됩니다. 그런 고난은 우리 자신을 그리스도인, 즉 하나님의 백성이라고 부르고 하나님의 사람으로 간주하는 사실에서 오는 고난임을 알게 됩니다.

반면에 하나님을 인정하지 않는 권력자들은 하나님의 법이 자신과 상관이 없으며, 이방적인 국가법이나 또는 하나님의 법과는 다른 인간의 법에 따라 재판하고 규칙도 만들어야만 한다고 믿습니다. 이는 그들이 하나님이 아닌 인간의 대리인임을 보여줄 뿐입니다. 왜냐하면 그들은 하나님의 법이 아니라 사람의 법에 따라서 그들의 백성을 다스리기 때문입니다. 이제 누구든 그 사람의 법이 지켜지는 곳에서는 그 사람이 그 나라의 주인으로 간주됩니다. 만약 어떤 도시가 모든 일과 제도를 프랑스 왕의 명령과

금지에 따라서 다루고 독일의 국가법을 따르지 않는다면, 누구도 그 도시가 독일에 속했다고 생각하지는 않을 것입니다. 그러므로 우리가 하나님의 법이나 명령, 규칙이 아닌 인간의 것들을 더 존중하고 받아들이고 지킨다면, 우리는 하나님의 공동체요 백성이라는 자부심을 가질 수가 없을 것입니다. 우리는 오직 하나님의 법으로만 살 수 있습니다.

하나님께서 인간의 모든 지혜와 지식이 미칠 수 없는 곳에 계신 것처럼, 정직을 강화하고 평화를 확실하게 하기 위해 우리는 인간이 고안하고 통과시키고 제정한 모든 율법과 조직, 정부보다 하나님의 규칙과 법이 비교할 수 없을 만큼 우월하다는 것을 공포해야만 합니다. 그런데도 정작 우리는 하나님의 법에 주의를 기울이거나 들으려고 하지 않은 채, 오히려 하나님의 법을 상기시키는 사람들을 조롱하는 비뚤어진 마음을 가진 것은 왜일까요? 만일 어떤 사람이 의회에서 간음죄에 사형을 내리는 하나님의 법을(레 20:10) 참고하여 재판한다면, 그는 얼마나 웃음거리가 될까요? 모든 매춘부들에게 하나님의 율법에 따라 육체적인 형벌을 내린다면, 이것 역시 웃음거리가 될 것입니다. 그러므로 우선적으로 실행해야 하는 것은 먼저 사람들에게 하나님의 말씀을 가르친 다음, 그 말씀을 지키지 않고 방해한 자에게 육체적인 처벌을 내리는 것입니다. 실제로 하나님의 법에 의하면, 그런 것들이 기독교 정부의 의무인데, 이에 대해서는 모세, 여호수아, 다윗, 히스기야, 그리고 그 외의 하나님에게 속한 다른 왕자와 왕들이 이미 보여주었습니다.

하지만 슬프게도 많은 세상 통치자들이 사람에게 뿐만 아니라 하나님 앞에서도 지켜야 하는 그들의 맹세를 마치 자신과 상관없는 것처럼 취급하고 행동합니다. 즉 어떤 일을 처리할 때, 그들은 하나님의 법을 고려하지 않고, 오히려 고의적으로 그것에 반하여 행동하기도 합니다. 그들은 자신의 위신과 재산을 증대시킬 수 있는 기회가 아니면, 결코 국민에게 유익한 관점에서 무엇인가를 결정하지 않습니다. 그러한 일은 영적인 지도자들에게서도 나타납니다. 그들은 보다 높은 지위와 직분을 차지하기를 바랄 뿐, 그보다 깊이 추락하는 것을 걱정하지 않습니다. 또한 그들은 높은 권력을 악용함으로써 자신의 본성뿐만 아니라 자신들이 감독하는 교회 또한 심각한 해를 입게 된다는 것도 염려하지 않습니다. 따라서 저 무관심하고 무능력한 영적 지도자들이 그리스도가 아닌 적그리스도의 사도, 천사가 아닌 악마의 사도가 되는 저주를 받은 것처럼, 세상의 군주들 역시 목자들과 아버지들, 즉 하나님의 대리자들이 아니라 단지 사자, 곰, 늑대, 어린아이와 철부지 같은 자들만 있을 뿐입니다. 솔로몬은 이렇게 말했습니다. "가난한 백성을 압제하는 악한 관원은 부르짖는 사자와 주린 곰 같으니라."(잠 28:15) 우리는 그러한 지도자를 에스겔서 22장 27절에서 만납니다. "그 가운데에 그 고관들은 음식물을 삼키는 이리 같아서 불의한 이익을 얻으려고 피를 흘려 영혼을 멸하거늘."

사도 대신에 거짓 사도를, 스승 대신에 악으로 인도하는 자를 가진 우리의 허물을 책망합시다. 다른 성경구절은 차치하고서라도 이사야 3장과 호세아 13장에서 분명히 볼 수 있는 것처럼, 경건한 영적 지도자와 세상 통치자 대신에 독재자, 늑대, 곰, 사자, 철부지를 가진 우리의 불경건함을 스스로 꾸짖읍시다. 더욱이 우리가 매일 경험하는 것처럼, 악인이 권세를 잡으면 백성이 탄식하게 됩니다(잠 29:2). 하지만 임금의 마음뿐만 아니라 모든 통치자들의 마음 역시 주의 손에 달려있습니다. 주께서는 그들의 마음을 친히 원하시는 대로 돌릴 수 있습니다. 그러므로 우리는 무엇보다도 먼저, 사도 바울이 가르치듯이, 높은 지위에 있는 사람들을 위해 간구하고 기도하며 감사해야 합니다(딤전 2:1). 이것을 통해 하나님께서는 우리에게 그분의 마음에 합한 목자와 지도자를 주시고 그들이 하나님의 율법에 따라 하나님의 대리인으로 우리를 다스리며, 나아가 하나님의 명령에 우리가 순종할 수 있도록 하게 할 것입니다. 영적인 일에서나 세속적인 일에서 우리의 모든 유익과 잘됨이 성실하게 자신의 임무를 돌보는 지도자들에 의해 결정되듯이, 분명히 우리의 모든 파멸도 자신의 이익만을 추구하고, 하나님이 아니라 자신들에게 복종하도록 하는 지도자들로 말미암을 것입니다.

하나님께서는 더 나은 공공의 유익을 증대시키기 위해 영적인 지위와 세속적인 지위라는 두 가지 질서를 세우셨습니다. 이 두 가지는 자신의 임무에 충실하기만 하면 눈에 띌 정도로 공공의 유익을 가져올 수 있습니다. 하지만 반대로 그들이 자신의 이익만을 추구한다면 돌이킬 수 없는 치명적인 피해를 입히게 될 것입니다. 이웃의 유익을 극대화하고 이웃의 피해를 극소화하는 것이야말로 가장 분명한 직업과 사역입니다. 농업과 축산업과 필수품을 생산하는 수공업이 여기에 적합합니다. 모든 사람들은 자신의 아이가 최선의 직업을 갖도록 용기를 주어야 하는데, 최선의 직업이란 이웃에게 아주 큰 이익을 주는 것입니다. 하지만 오늘날 대부분의 사람들은 자기 자녀들이 성직자가 되기를 원합니다. 오늘날의 상황에서 볼 때, 이것은 아이를 가장 위험하고 불경건한 자리로 인도하는 것입니다. 그 밖의 나머지 사람들은 자기 자녀들이 일하지 않고도 부자가 될 수 있다는 생각에서 사업가가 되기를 바라는데, 이것은 하나님의 말씀에 완전히 위배되는 것입니다(창 3:19). 뿐만 아니라 그들은 다른 사람들을 착취하고 파멸시키면서 자신의 유익만을 구하게 될 텐데, 이것 역시 하나님의 질서와 기독교 전체의 본질에 위배됩니다. 이와 달리 영생으로 가는 길은 오직 하나님의 말씀을 지킴으로만 가능합니다. 따라서 젊은이들을 말씀에 위배되는 길로 가도록 권면하는 것은 그들을 죽음으로 이끄는 것일 뿐입니다. 모든 율법은 형제 사랑이라는 한 가지 율법으로 완성됩니다. 형제 사랑이란 항상 자신의 유익이 아닌 이웃의 유익만을 추구하는 것입니다.

이 모든 것에서 다음과 같은 사실이 분명하게 드러납니다. 즉 하나님의 창조와 질서와 계명에 따르면, 누구나 자기 자신을 위해서가 아니라 하나님의 뜻대로 이웃을 위해 살되, 반드시 자신의 온 힘을 다해 영적인 것과 육적인 것으로 그들을 섬겨야 한다는 것입니다. 이런 의무는 영적인 일에서나 세상적인 일에서 공공의 유익을 증대시키기 위해 부름 받아 세움을 입은 모든 사람에게 적용됩니다. 하나님께서는 우리가 우리 자신의 유익을 추구할 때 가장 큰 재앙을 내리십니다. 따라서 어떤 직업이 전체 이웃의 필요에 유용하면 유용할수록, 더 나아가 공동체 전체의 유익을 심화시키면 시킬수록, 그 직업도 더욱 영예롭고 기독교적인 것이 되어 각자에게 더욱 잘 스며들고 잘 받아들여지게 될 것입니다. 결론적으로 지금과 같은 마지막 때에는 불법이 성하므로 사람들의 사랑이 많이 식게됩니다(마 24:12). 또한 모든 사람들이 각기 편안한 삶만을 추구하고 따르며, 다른 사람들이 일한 것으로 먹고 살려고 합니다. 하지만 이런 때일수록 그리스도인들에게는 그와 정반대되는 삶이 요구됩니다. 즉 그리스도인이란 자신에게 정당하게 주어진 것조차 포기하고, 자신이 하는 일을 통해 늘 남을 도울 준비가 되어 있는 사람입니다. 또한 예수님의 말씀을 지키면서 아무 것도 거저 받지 않는 사람입니다. 그 이유는 다음과 같은 예수님의 말씀 속에 있습니다. "주는 것이 받는 것보다 복이 있다."(행 20:35)

제2장

❝ 어떻게 하면
자신이 아닌 다른 사람을 위해 사는
이상적인 삶에 이를까? **❞**

이제 우리는 어떻게 하면 처음 창조되었던 삶, 즉 나의 이익이 아닌 다른 사람의 유익과 하나님의 영광을 위해 창조되었던 삶으로 돌아갈 수 있을까를 이야기해야만 합니다. 간단히 말해서 오직 믿음만이 그러한 삶을 우리에게 줄 수 있고, 또 알려줄 수 있습니다. 실제로 만물은 우리를 구원하신 예수님을 통해 창조되었습니다. 그들은 예수님을 통해 처음 창조될 때, 자기 위치와 질서를 찾음으로써 하나님을 기쁘시게 할 수 있었습니다. 그런데 이제 하나님께서는 자신의 참된 자녀들을 계시하십니다(롬

8:19). 그리고 그 같은 진정한 신자들의 나타남이 다른 피조물을 유익하게 할 것입니다(사 11:6). 곧 사람들로부터 피조물이 태초의 의로운 본성으로 돌아가는 우주적인 회복이 시작되는 것입니다. 그러므로 비록 완벽하지는 않더라도 이 같은 회복이 지금 여기서 시작되어야 합니다. 그런데 이러한 일은 사람들이 그리스도를 믿을 때 일어납니다. 즉 그리스도께서 자신의 피를 통해 사람들을 아버지의 자녀가 되는 은혜의 자리에 다시 세우시고, 그 결과 그리스도께서 태초의 세계 질서에 따라 성령으로 그들을 재창조하셨다는 것을 전적으로 신뢰할 때, 그와 같은 일들이 일어나는 것입니다. 그리스도께 대한 믿음은 태초의 질서에 따라 모든 피조물들을 이해하고 또 유익하게 할 수 있습니다.

만물의 회복은 각 사람들이 그러한 믿음을 받아들이고 반응하는 정도에 따라 이루어집니다. 왜냐하면 그리스도께서는 각 사람의 믿음에 따라 그와 함께하시며, 그를 위해 일하시기 때문입니다. 예수님께서 소경들에게 "내가 능히 이 일 할 줄을 믿느냐?"라고 말씀하셨을 때, 그들은 "주여 그러하오이다."라고 대답했습니다. 그러자 예수님께서 이렇게 말씀하셨습니다. "너희 믿음대로 되라."(마 9:28-29) 하지만 우리는 죄 때문에 태초의 지위에서 떨어졌습니다. 태초에 우리는 다른 사람들을 섬기고 하나님을 찬양하기 위해 살았습니다. 그러나 이제는, 말하기 슬프지만, 우리의 죄악된 성품을 따라 우리 자신만을 사랑하고 우리 자신만의 이익을 추구할 뿐입니다. 그 결과 우리는 자신을 망침은 물론 이웃에게 상처를 주며, 하나님을 모독하고, 우리의 창조자를 욕되게 합니다. 그럼에도 불구하고 우리는 하나님께서 우리 주 그리스도를 하나님의 교회의 머리가 되게 하셨고(골 1:18), 그분을 통해 만물과 화해하시고, 만물을 통일케 하셨음을(엡 1:10) 믿어야 합니다. 즉 하나님께서는 모든 만물을 본래대로 회복시키시되, 하나님의 영광과 모든 피조물들, 특히 사람들의 유익을 위해 그렇게 하셨다는 것입니다. 그렇습니다. 그리스도를 통한 이러한 회복과 화해와 재조직이 우리에게도 이르렀음을 우리는 믿어야 합니다. 그럴 때 참 사랑의 영이 우리에게 확실히 돌아올 것입니다. 그 영은 만물 안에서 배려가 깊고 자신이 아닌 이웃의 안녕을 추구하게 할 것입니다. 왜냐하면 그분의 말씀은 간직되어야 하기 때문입니다. "너희 믿음대로 되라."

더 나아가 참된 믿음은 하나님의 모든 말씀을 믿을 수 있도록 만듭니다. 성경 전체는 우리의 구세주 예수 그리스도를 그분의 피로 말미암아 우리를 어둠의 권세에서 구속하신 분으로, 그리고 아버지의 은혜로 말미암아 우리를 그분의 나라로 옮기신 분으로 묘사합니다(골 1:13). 그러므로 이제 우리는 자유로울 뿐만 아니라, 진정한 하나님의 자녀가 됩니다. 왜냐하면 우리가 그분의 이름을 믿으면, 우리에게 하나님의 자녀가 되는 권세를 주시기 때문입니다(요 1:12). 아버지께서는 실제로 우리 가슴에 자신을 "아바 아버지"라고 부를 수 있는 성령을 보내주셨습니다. 그래서 이제는 더 이상 종은 없고, 하나님의 자녀만 있습니다. 하지만 자녀는 또한 후사이며, 그리스도를 통한 하나님의 후사입니다(갈 4:6). 같은 사실을 바울은 로마서에서도 기록하고 있습니다(롬 8:14-17). 그러므로 분명한 사실은 믿음을 통해 우리가 하나님의 자녀가 되어 양자의 영을 받았다는 것입니다. 이것은 우리가 하나님의 자녀임을 확신하도록 합니다.

따라서 결과적으로 성령을 통해 우리가 하나님을 알고 하나님을 아버지로 부르듯이, 우리는 모든 사람들을 우리의 형제로 알고 그들을 섬기는 자리에 서게 될 것입니다. 그런데 이것은 특히 하나님 아버지를 기쁘시게 합니다. 왜냐하면 하나님께서는 이러한 목적을 위해 우리를 창조하셨기 때문입니다. 하나님께서는 자신의 모든 율법과 예언서를 통해 우리에게 그러한 사실들을 알려 주셨습니다. 오직 믿음만이 우리를 우리 자신에게서 떼어 내 하나님 아버지의 자녀로 넘깁니다. 따라서 우리가 하나님의 참된 자녀가 되었다면, 우리의 최고 관심사는 아버지의 고상한 최선의 뜻을 따르는 것이어야만 하고, 모든 일에 있어서 하나님의 율법에 따라 살아가는 것이어야만 합니다. 그리고 우리가 "네 이웃을 네 몸과 같이 사랑하라."고 하신 말씀을 지킬 때, 비로소 이 모든 것들은 완성될 것입니다. 우리가 이 같은 하나님 말씀에 순종하자마자 모든 사람을 섬기기 위해 우리 자신을 완전히 내어줄 수 있는데, 이것이야말로 모든 아버지 중에 가장 귀하신 하늘 아버지께 기쁨과 영광이 되는 것입니다.

모든 참된 신앙인들은 이것을 쉽게 행할 수 있습니다. 왜냐하면 우리가 보았듯이 믿음은 양자의 영과 성령을 가져오는데, 이 성령께서 우리가 하나님의 자녀임을 증거하시기 때문입니다. 만일 우리가 자녀이면 또한 후사이며, 하나님의 후사, 즉 그리스도와 함께 한 후사가 됩니다. 우리가 우리 자신을 하나님의 자녀와 하나님의 후사로 인정하고 그 사실을 확실히 붙잡는다면 – 하나님의 말씀에 근거하여 믿는 것보다 더 확실한 것은 없습니다. – 우리는 우리에게 필요한 모든 것을 우리가 소유하고 있으며, 또한 향후에 필요한 모든 것도 공급받을 것이라는 사실을 확실하게 붙잡아야만 합니다. 그렇습니다. 비록 그것이 아직은 소망 중에 있을지라도, 우리는 자신이 이미 구원 받았다는 것 외에 더 이상 아무 것도 취하지 않아야 합니다. 왜냐하면 우리가 그리스도와 함께 하나님의 영광 속에서 하나님처럼 나타나게 될 그 날에만 우리가 하나님의 영원한 유업을 받게 될 것이기 때문입니다(골 3:3-4; 요일 3:2). 우리를 돕고자 하는 선하고 신실한 우리의 지상 아버지께서 자신의 사랑하는 자녀를 궁핍한 처지에 거저둘 수 없는 것처럼, 우리의 영원하신 하늘 아버지께서도 우리가 부족함으로 인해 받는 고통이 훨씬 덜 하길 바라십니다. 하나님은 모든 것을 아시며 또 하실 수 있고, 그의 자녀를 위해 최선의 것을 행하십니다. 그러므로 선지자가 말한 것은 진실합니다. "여호와를 경외하라 그를 경외하는 자에게는 부족함이 없도다."(시 34:9) 하지만 이것은 오직 믿음으로 하나님의 사랑하는 자녀들에게만 적용됩니다.

　우리의 본성은 당장 잡을 수 있는 재물에 집착합니다. 더군다나 그것을 충분히 얻고자 하는 열망이 아주 크기 때문에 먼저 자신에게 필수 불가결한 것이라고 생각하는 것을 얻지 못하면, 다른 사람을 기꺼이 돕고자 하는 의지가 생기지 않습니다. 하지만 우리의 본성은 자신의 것을 먼저 챙기고자 하는 것에서 결코 안식을 얻지 못할 것이며, 이미 충분히 얻었다고도 절대 믿지 못할 것입니다. 오직 하나님의 자녀이며 후사가 되었다는 확신만이 우리에게 현재나 미래에 필요한 것을 이미 소유하고 있다는 안정감을 줄 것입니다. 곧 오직 참된 신앙만이 우리 마음에 평강을 줄 수 있습니다. 또 그럴 때 우리는 확실히 아무것도 부족함이 없다는 것을 깨닫게 됩니다. 그리고 바울 사도와 같이 이렇게 생각하게 됩니다. "자기 아들을 아끼지 아니하시고 우리 모든 사람을 위하여 내주신 이가 어찌 그 아들과 함께 모든 것을 우리에게 주시지 아니하겠느냐?"(롬 8:32) 이 말씀은 "하나님께서 우리 모두를 위해 가장 소중하게 여기고 아끼시는 그분의 사랑하는 독생자까지 희생시키셨는데, 하물며 우리가 지은 죄가 무엇이든지 하나님께서 눈감아 주시지 않겠습니까? 하나님께서 그분의 모든 선을 우리에게 주시지 않겠습니까?"라는 뜻입니다.

이렇듯 그분의 사랑은 너무나 큽니다. 우리가 믿음을 통해 그분의 마음을 깨닫고 붙잡자마자, 그분의 마음은 사랑으로 넘쳐나게 됩니다. 그리고 모든 사람들에게 선을 베푸실 준비를 온전히 갖추게 됩니다. 또한 무엇보다도 하나님의 말할 수 없는 선하심으로 구원의 확신을 전달하실 준비를 온전히 갖추게 됩니다. 왜냐하면 참된 선은 특성상 자신만 소유할 수 없고 가능한 멀리 그리고 넓게 그것을 스스로 쏟아 부어야 하기 때문입니다. 좋은 나무에 열매가, 그것도 좋은 열매가 없을 수 없습니다(마 7:17-20).

이에 대해 좀 더 설명하자면, 믿음은 우리에게 그리스도에 대한 온전한 확신을 줄 뿐만 아니라, 우리를 중생시키고 우리가 창조된 원리인 하나님의 올바른 질서로 회복시킵니다. 게다가 믿음을 통해 우리는 성령을 받고 영접하게 되는데, 이 때 성령께서 우리가 하나님의 자녀임을 보증해 주십니다. 결과적으로 우리는 이웃을 사랑하는 마음으로 하나님을 기꺼이 섬기고 그분께 순종하게 됩니다. 이런 섬김과 순종의 행위는 하나님께서 그분의 자녀에게 요구하시는 가장 높은 수준의 것입니다. 우리는 하나님의 자녀요 후사이며 축복받은 자입니다. 따라서 우리는 현재나 미래에 아무런 부족함을 겪지 않을 것이 확실하기 때문에, 우리가 더 깊이 필요하다고 느끼는 것은 믿음에서 솟아난 거짓되지 않은 사랑과 모든 신실함으로 우리 형제를 섬겨야 한다는 사실뿐입니다.

성경을 통해 알 수 있듯이, 우리는 본질상 진노의 자녀요(엡 2:3), 섬김 받을만한 가치가 전혀 없는 존재지만, 하나님께서는 우리의 형제 중 지극히 작은 자 하나를 위해 행한 것을 그분께 행한 것으로 받아들이시겠다고 약속하셨으며(마 25:40), 또한 하나님께서 긍휼을 원하시고 제사를 원하시지 않는 만큼(호 6:6), 이웃에게 긍휼함을 베푼 모든 사람에게 그분의 긍휼을 쏟아 부으시겠다고(마 5:7) 말씀하셨습니다. 이러한 사실들을 성경에서 알게 될 때, 우리는 이웃을 섬기고 그들에게 긍휼을 베푸는 일이 우리에게서 일어나는 것을 진심으로 즐거워하게 됩니다. 이러한 섬김과 긍휼의 행위로 우리는 가장 은혜로우신 아버지와 구세주께 미약하나마 감사를 표시할 수 있게 되고, 또 하나님께로부터 올 더 큰 긍휼을 확신하며 기대할 수 있게 됩니다. 우리는 이제 최소한 하나님의 뜻을 행하는데 우리 자신을 드린 자들이 되었습니다.

나아가 오직 믿음만이 우리의 주님이시자 구원자이신 예수 그리스도의 측량할 수 없는 선하심을 올바르게 깨닫고 측량할 수 있게하며, 신자는 끊임없이 새롭게 그분을 기념하고 묵상함으로써 이 믿음을 소유하게 됩니다. 그러므로 당연히 믿음이 있는 자는 그리스도께서 지니신 마음과 동일한 마음을 얻게 될 것입니다. 즉 "그는 근본 하나님의 본체시나 하나님과 동등됨을 취할 것으로 여기지 아니하시고, 오히려 자기를 비워 종의 형체를 가지사 사람들과 같이 되셨고, 사람의 모양으로 나타나사 자기를 낮추시고 죽기까지 복종하셨으니, 곧 십자가에 죽으심이라."(빌 2:6-8) 만일 누군가 믿는 마음으로 이것을 묵상한다면, 그는 구원자요 주님이신 예수님에 대한 사랑이 불타올라서, 모든 것을 포기하고 모든 것을 버리며 다음과 같이 생각하게 될 것입니다. "만일 당신의 구원자이시며 주님이신 하나님의 영원한 독생자께서 섬김을 받기 위해서가 아니라 다른 사람을 섬기러 오셨다면, 만일 그분이 당신을 비롯해 많은 사람의 구원을 위해 자신의 영혼을 기꺼이 주셨다면, 만일 그분이 하나님의 형체를 버리고 종의 형체를 입으셨다면, 만일 그분이 죽기까지 복종하시고 십자가에서 죽으셨다면, 사람들이여, 여러분은 무엇을 할 것입니까? 아, 아무것도 아니고 아무것도 할 수 없는 내가 적어도 최소한의 감사 표시로 나의 주님이시자 구원자이신 주님을 따를 수만 있다면! 내가 가진 모든 것은 아버지의 은혜로 당신을 통해 온 것입니다. 나 자신을 위해서 아무것도 가지지 않을 것이며, 기꺼이 내가 가진 모든 것을 나의 형제를 섬기는데 쓸 것입니다. 또한 죽기까지 복종하되, 십자가의 죽음까지도 순종하겠습니다. 모든 고난과 치욕을 감내하겠습니다." 이러한 일이 일어나는 것은 우리가 우리 자신을 부인하며 우리에게 놓인 십자가를 지고 우리의 주님이시자 스승이시고 왕이시며 구원자이신 그분을 따를 때입니다(눅 9:23). 그 때 우리는 확실히 그분과 같이 겸손과 섬김, 그리고 순종을 통해 영원한 영광과 그 나라와 구원에 들어가게 될 것입니다. 아멘!

    결론적으로 참된 믿음은 거짓된 사랑을 완전히 제거합니다. 거짓된 사랑이란 이생에 대한 사랑, 즉 명예와 재물과 쾌락에 대한 사랑을 의미하는데, 이러한 사랑은 이웃에 대한 참된 사랑과 섬김을 실천하지 못하도록 사람들을 방해할 뿐입니다. 그렇습니다. 참된 믿음은 우리를 그런 모든 것에서 자유하게 합니다. 신자는 하늘에 계신 영원한 아버지께서 그리스도를 통해 너무나 은혜로우시고 모든 선을 베푸신다는 사실을 알게 됩니다. 그러므로 세상적인 것을 지는 것은 신자에게 괴로움이요 짐이 될 뿐입니다. 오히려 그것들로부터 떠나서 그리스도와 함께 있을 욕망을 가지는 것이 더욱 좋습니다(빌 1:23). 신자는 세상적인 것으로부터 해방됩니다. 그래서 그는 죄로부터도 자유하게 될 것이며, 하늘에 계신 사랑하는 아버지를 실망시키는 어떤 원인도 더 이상 제공하지 않게 될 것입니다. 결과적으로 신자는 이생과 이생의 모든 것들을 큰 재산으로 여기기보다는 짐으로 간주합니다. 그러므로 형제를 위해 명예나 재물, 혹은 쾌락을 버리는 것은 말할 것도 없고, 자신의 목숨을 버리는 것조차 참된 신자에게는 작은 일입니다. 그리스도처럼! 왜냐하면 그리스도께서는 우리를 향한 끝없는 사랑으로 우리를 위해 자신의 생명까지도 주셨기 때문입니다(요 3:16).

이 간략한 언급을 통해 다음과 같은 사실을 알 수 있습니다. 즉 우리는 하나님을 찬양하기 위해 창조되었던 본래의 바르고 신적인 본성으로 회복되어야 한다는 것입니다. 이것은 모든 피조물을 유익하게 하고 섬기되, 결코 우리 자신의 유익을 추구하지 않음으로써 가능하게 됩니다. 또한 우리의 창조주시요 아버지이신 전능하신 하나님께서 믿음이 참된 의를 추구하도록 만들어 놓으셨다는 것입니다. 이 믿음으로 의인은 하나님과 인간과 모든 피조물 앞에서 바르게 살아갑니다(하 2:4). 의인은 마땅히 하나님께 돌려야할 영광과 찬송을 하나님께 드리며, 모든 율법의 완성인 사랑을 실천합니다(갈 5:14). 그래서 우리 자신이 하나님의 새 계명을 지키고, 이를 통해 모든 율법과 선지자들의 말씀을 지킴으로써 우리가 그리스도의 제자임을 보여줍니다(요 13:34). 또한 우리가 이러한 기독교적인 경건한 삶에서 영원한 생명으로 확실히 넘어갈 것임을 보여줍니다.

그리고 여기서 많은 사람들은 그들의 믿음이 어떤 것인지 잘 배울 수 있을 것입니다. 왜냐하면 믿음이란 자기부인을 실천하는 것이요, 다른 사람을 섬기기 위해 자신을 드리는 것이며, 자신을 잊어버리는 것이며, 하나님께 영광을 돌리도록 이웃을 위해 사는 것이기 때문입니다. 만일 믿음이 그러한 것이 아니라면, 그것은 참되고 올바른 믿음이 아니라, 죽은 믿음이요 전혀 믿음이 아닙니다. 만일 믿음이 위에 언급한 열매들을 맺되 약하고 불완전하게 맺는다면, 믿음 역시도 약하고 불안전하다는 것입니다. 슬프지만 몇몇의 예외적인 경우 말고는 우리 대부분의 믿음이 그러합니다. 왜냐하면 만일 믿음이 온전하고 완전하다면, 우리의 마음이 온전히 성경을 의지했더라면, 완벽하게 신뢰하고 단지 환상뿐인 것들을 전혀 믿지 않았더라면, 사람이 자기 자신의 것을 추구하고 오로지 자신만을 위해 사는 일은 불가능했을 것이기 때문입니다. 그는 확실하고 정확하게 성경에서 다음의 사실, 즉 그가 그렇게 자신의 것만 추구하므로 자신을 파괴하고 자신의 목숨과 모든 것을 잃어버렸다는 말씀을 배웠을 것입니다(눅 9:24; 요 12:25).

따라서 반드시 신자는 이루 말할 수 없이 선하게 사는 일에 자신의 온 마음과 신뢰를 다하여 자신을 드려야만 합니다. 그 선함은 성경이 하나님 아버지 안에서 신자를 위해 준비된 것으로 묘사되는 것이요, 신자가 믿음을 갖자마자 그리스도를 통해 그에게 주어지는 것입니다. 신자는 믿음을 통해서 완전히 새롭게 됩니다. 따라서 그는 더 이상 자신만을 돌볼 수 없습니다. 왜냐하면 그는 영원하신 아버지께서 사랑하는 친자녀로 자기를 돌보아주심을 확신하기 때문입니다. 그리고 신자는 끊임없이 솟는 샘처럼, 하나님께서 그리스도를 통해 자신에게 주신 선을 모든 사람들의 더 나은 복지를 위해, 특히 믿음의 동료들을 위해 쏟아 붓습니다. 왜냐하면 믿음의 동료들은 다른 사람들처럼 물질적인 것을 받을 뿐만 아니라 영적인 유익들을 받는데도 빠르기 때문입니다.

결론적으로 바울 사도의 말씀을 근거로 이렇게 말하고 싶습니다. "참된 신자는 과거의 그와는 완전히 다른 사람입니다. 즉 그리스도 안에서 더 이상 이기적으로 살 수 없는, 이웃의 이익과 하나님의 영광을 위해서만 살아야 하는 새로운 피조물입니다." 바울 사도는 분명히 이렇게 말합니다. "너희는 그 은혜에 의하여 믿음으로 말미암아 구원을 받았으니 이것이 너희에게서 난 것이 아니요 하나님의 선물이라. 행위에서 난 것이 아니니, 이는 누구든지 자랑하지 못하게 함이라. 우리는 그가 만드신 바라. 그리스도 예수 안에서 선한 일을 위하여 지으심을 받은 자니, 이 일은 하나님이 전에 예비하사 우리로 그 가운데서 행하게 하려 하심이니라."(엡 2:8-10) 우리는 이것이 얼마나 분명하게 다음의 사실을 말하는지 알 수 있습니다. 즉 우리가 믿기만 하면, 그 믿음으로 복을 받고, 우리에게 필요한 것들이 모두 우리에게 있음을 확신할 수 있다는 것입니다.

이것은 우리 자신이나 우리의 선행으로부터 나오는 것이 아니라 하나님의 은혜로부터 나오는 하나님의 선물입니다. 우리는 실제로 선행을 위해 예수 그리스도를 통해 창조된 하나님의 작품입니다. 하지만 선행이란 우리 스스로 행해야 하는 것이 아니라 오직 하나님께서 그것을 위해 우리를 미리 준비시키셔서 그렇게 살아가도록 하신 결과입니다. 의심의 여지없이 이런 선행은 하나님께서 어디서나 우리에게 명령하신 것입니다. 즉 우리에게 이웃을 섬기도록 하셨다는 것입니다. 하나님께서는 다른 것을 요구하시지 않습니다. 그리스도께서는 다른 것을 가르치시지 않았습니다. 그러므로 예수님께서는 종종 호세아 6장 6절, "나는 인애를 원하고 제사를 원하지 않는다."는 말씀을 인용하셨습니다. 그리고 예수님께서는 이것에 따라 우리를 심판하실 것이라고 선포하셨습니다(마 25).

만일 신자가 하나님의 작품이고, 그런 선한 일을 수행하기 위해서 창조되었다면, 그는 게으르거나 자신에게 유익한 것만을 찾거나 행할 수 없습니다. 왜냐하면 예수 그리스도를 통해 하나님께서 창조하신 것은 무엇이든 선하고 올바를 뿐 아니라, 모든 다른 작품과 피조물들이 창조될 때 하나님께서 부여하신 임무에 충실한 것처럼, 그것이 창조될 때의 본래 임무에 충실해야만 하기 때문입니다. 새는 나는데 충실하고, 물고기는 헤엄치는 것에 충실하고, 사람은 말하는 것에 충실해야 합니다. 하나님의 어떤 피조물이나 작품도 그것이 본래 창조되었던 목적을 무시할 수 없듯이, 그리스도인으로서 참된 신자는 선한 일을 하지 않고는. 자신을 잊어버리지 않고는, 모든 사람에게 이익을 주지 않고는, 그리고 자신의 능력에 따라 서로에게 상부상조하지 않고는 살아갈 수 없습니다.

이제 우리는 참된 믿음이란 우리 자신을 위해서가 아니고 남을 위해 삶으로써 하나님께 영광을 돌리며 진정 선한 일에 열심인 것임을 분명히 알게 되었습니다. 따라서 믿음을 가르치는 것은 모든 선한 행위의 근원을 가르치는 것이며, 선한 일을 금하는 것은 우리의 생각과 주장에서 너무나 동떨어진 것임을 알 수 있습니다. 그러므로 우리는 다음에 유의해야 합니다. 곧 현안 과제인 선행을 실천하는 것을 게을리하면, 우리에게 확실히 믿음이 없는 것이라는 사실입니다. 만일 우리가 선행을 하지 않고 자기 유익만을 구한다면, 믿음이 없는 자입니다. 고린도전서 13장 1-3절은 말하기를, "내가 사람의 방언과 천사의 말을 할지라도 … 내가 예언하는 능력이 있어 모든 비밀과 모든 지식을 알고 또 산을 옮길 만한 모든 믿음이 있을지라도 … 내가 내게 있는 모든 것으로 구제하고 또 내 몸을 불사르게 내줄지라도 사랑이 없으면 내게 아무 유익이 없느니라."

산을 옮길만한 믿음, 즉 이적을 행하는 은사인 놀라운 믿음이 있을지라도, 주께서 "나는 너를 알지 못하노라."(마 7:23)고 말씀하셨는데, 여기서 기적을 일으키는 일은 당시 주의 이름으로 대단한 기적을 행한 자들 속에서 분명히 확인되는 것처럼, 종종 하나님에 대한 참된 신앙이 없는 자들에게도 대여된 은사입니다. 즉 자신의 유익만을 구하는 사람들에게도 그런 일이 일어날 수 있다는 것입니다. 하지만 사랑은 자기의 유익을 구하지 않습니다. 물론 우리는 믿음이 없어도 아무것도 아니게 됩니다. 왜냐하면 위에서 강조했듯이, 믿음을 통해서 우리는 가치 있는 자가 될 뿐 아니라 복 있는 자가 되기 때문입니다. 실제로 우리는 하나님의 작품으로서 단지 중요한 존재일 뿐만 아니라 분명히 선한 존재여야 합니다.

참된 믿음이 이웃에게 선한 일을 행하는 진정한 사랑을 우리에게서 넘치게 함으로써 우리 자신이 아니라 하나님의 영원한 영광을 위해 살도록 하는 것이라면, 그리고 이 믿음이 하나님의 은혜 가운데 하나님의 말씀을 들음으로써 생기는 것이라면(롬 10:17), 분명히 우리는 무엇보다 하나님의 말씀을 붙잡고 듣고 읽으며 부지런히 묵상하고 그것에 따라 행동해야 합니다. 아무도 우리를 말씀에서 떼어놓게 해서는 안 됩니다. 그것을 위해 우리는 하나님께서 우리에게 주신 명예와 몸과 재물을 비롯해 모든 것을 걸어야 합니다. 그리고 아무도 그렇게 하는 우리를 방해하지 못하도록 해야 합니다. 왜냐하면 하나님의 말씀만이 우리를 완전케 하고 복되게 하기 때문입니다. 하나님의 말씀은 믿음을 낳고, 믿음은 사랑을 낳고, 사랑은 그 열매로 선한 행실을 낳습니다. 그 열매를 따라 하나님께서는 우리에게 완전히 거룩하고 복된 생명을 영원한 유업으로 주실 것입니다. 아멘.

그러므로 우리는 모든 열심을 다해 하나님께 이렇게 기도해야 합니다. "하나님의 말씀이 신실하고 열심히 선포되지 못하기 때문에 믿음이 소멸되었을 뿐만 아니라, 슬프게도 사랑조차 사라져버린 이 위험한 시대를 살아가는 우리에게 순수한 하나님의 말씀의 단비를 내려주시고, 이것을 받아들이는 은혜를 주옵소서. 그래서 회개하게 하옵소서. 아니면 너무나 미쳐서 말씀을 거역하는 저들을 끝장내어 주옵소서. 아멘."

2부

스트라스부르의 종교개혁가 마르틴 부써

The Reformer of Strassburg, Martin Bucer

황대우

1. 부써[1]의 생애[2]

스트라스부르[3]의 종교개혁가 부써는 1491년 11월 11일 엘자스(Elsaß) 지방의 슐레트슈타트(Schlettstadt = 불어명은 셀러스타 Sélestat)에서 태어났습니다. 그의 아버지는 통제조업자였고, 어머니는 산파였습니다. 부써는 만 6세부터 만 15세까지 슐레트슈타트에 있는 당대 유명한 라틴어학교에서 교육받았는데, 그 학교는 이미 야콥 빔펠링(Jacob Wimpfeling)과 같은 인문주의자의 영향을 받고 있었습니다. 그는 계속 공부를 하고 싶었으나, 재정 문제로 대학에 진학할 수 없어 차선책으로 수도원에 들어가기로 결심했습니다. 1507년에 수도원에 입문하여 1년의 예비과정을 거친 다음, 1508년에 수도사가 되기로 서약함으로써 도미니칸 수도사가 되었습니다. 거기서 그는 기대했던 많

---

[1] Martin Bucer. Bucer라는 이름은 그의 독일어 본명 Butzer(부처)의 라틴명인 Bucerus(부케루스)에서 온 것이다.

[2] 스트라스부르의 종교개혁가에 대한 훌륭한 전기로는 다음을 참조하라. Hastings Eells, *Martin Bucer* (New Haven: Yale University, 1931); Martin Greschat, *Martin Bucer. Ein Reformator und seine Zeit* (München: Beck, 1990) = *Martin Bucer: A Reformer and His Times*, tran. by Stephen E. Buckwalter (Louisville & London: John Knox Press, 2004)

[3] 종교개혁기인 16세기 당시에는 독일 영토였으며 Strassburg라 표기되었으나, 오늘날은 프랑스 도시로서 Strasbourg라 불리운다. 이 도시의 라틴명은 Argentoratum, Argentina, Argentum, Argentaria, Argentoria, Strateburgis 등으로 기록되고 불리었다.

은 고대 그리스와 로마 문학작품들 대신에 중세 스콜라신학의 거장들인 토마스 아퀴나스(Thomas Aquinas)와 피터 롬바르두스(Peter Lombardus)의 작품을 접하게 되었습니다. 17세의 나이로 수도원에 입문한 부써가 10년 동안 수도사로서 옛 길(via antiqua)의 대가인 토마스 아퀴나스의 저서들을 연구했던 것은 그의 신학 형성에 지울 수 없는 영향을 주었던 것으로 평가됩니다.

부써는 당시 대주교가 살고 있던 도시 마인쯔(Mainz)에서 1년 정도 사제, 즉 신부로 봉사했습니다. 1517년에는 공부에 대한 가능성과 신학박사 학위를 준비할 수 있으리라는 기대를 가지고 하이델베르크(Heidelberg)에 있는 도미티칸 수도원으로 자리를 옮겼습니다. 그곳에는 당시 유명한 하이델베르크 대학이 있었는데, 부써는 1517년 1월 31일에 이 대학의 학생으로 등록했습니다. 거기서 후에 마르틴 루터의 충실한 친구와 추종자가 될 요하네스 브렌쯔(Johannes Brenz)로부터 처음 헬라어를 배웠고, 그 덕분에 플라톤을 비롯한 그리스 고전작품들을 읽게 되었습니다. 또한 부써는 당대의 유명한 네덜란드 로떼르담(Rotterdam) 출신의 인문주의자 에라스무스(Erasmus)의 작품들을 연구하고 강의할 수 있는 기회를 가졌습니다. 그는 1518년 마르틴 루터가 자신의 입장을 변호하기 위해 하이델베르크에 있는 어거스틴 수도원에서 어거스틴 수도회 종단토론회에 참석했을 때, 루터를 처음 만나게 되는데, 이 만남은 부써의 생애에 획기적인 사건이었습니다. 하이델베르크에서 강변한 루터의 "십자가 신학"(theologia crucis)은 장차 위대한 종교개혁가가 될 브렌쯔와 부써의 마음을 사로잡았습니다. 스트라스부르의 도미니칸 수도사 마르틴(부써)은 비텐베르크의 어거스틴 수도사 마르틴(루터)을 따라 수도사에서 종교개혁가로 전향하게 되었습니다. 부써는 루터에 대한 당시의 인상을 다음과 같이 평가했습니다. "그는[루터는] 모든 점에서 에라스무스와 일치합니다. 그러나 차이점도 있는데, 에라스무스가 다만 심고 있기만 하는 것을 그는 공공연하고 자유롭게 가르친다는 것입니다. '저는 이 점에서 그의 편을 듭니다.'"(Beatus Rhenanus에게 보낸 1518년 5월 1일자 편지, no. 75.) 다른 편지에서는 비텐베르크의 개혁가 루터를 가리켜 "신학자들 가운데 가장 진지하고 그리스도인들 가운데 가장 강력한 존경하는 아버지"라고 불렀습니다. 이때부터 부써는 루터의 추종자가 되어 그의 작품을 집중적으로 탐독하기 시작했습니다. 1519년 봄, 부써는 하이델베르크 대학에서 학사 학위(B.A.)와 석사 학위(M.A.)를 취득했습니다.

부써는 에라스무스와 루터 두 사람 모두를 교회개혁

의 선구자요 희망이라고 생각했습니다. 그래서 자신도 이 두 사람처럼 교회개혁의 대열에 서고자 했으므로 더 이상 수도원에 머물 수 없었습니다. 그는 1520년 11월 자신의 29번째 생일에 즈음하여 수도원을 떠났습니다. 그러나 아직 문제는 남아 있었는데, 그것은 그가 평생 수도사로 살겠다고 맹세한 수도원 서약이었습니다. 부써는 이 서약을 파기하지 않고, 합법적으로 문제를 해결하고자 했습니다. 그래서 당시 마인츠 대주교인 알브레흐트(Albrecht)를 모시고 있던, 독일 남부 도시인 하게나우(Hagenau) 출신이자 후에 부써와 더불어 스트라스부르의 개혁가가 될 볼프강 카피토[Wolfgang Fabricius Capito. 독어명은 쾌펠(Köpfel), 불어명은 까뻬똥(Capiton)]에게 이 문제를 논의했고, 그 결과 1521년 4월 29일에 자신의 도미니칸 수도원 서약으로부터 합법적으로 해방될 수 있었습니다. 자유의 몸이 된 부써는 이후 3년 동안 세속 사제의 신분으로 사역했습니다. 먼저 그는 에베른부르크(Ebernburg)의 프란츠 폰 지킹겐(Franz von Sickingen) 곁에서 일하다가, 1년간 팔츠[Pfalz(영어명은 팔라티네이트(Palatinate))]의 선제후 프리드리히[Friedrich(영어명은 프레드릭(Frederick))]의 궁정 설교자로 사역했습니다. 기사 전쟁 동안에는 다시 지킹겐의 보호 아래 란트슈툴(Landstuhl)에서 목회자로 일했습니다. 1522년 여름에는 수녀였던 엘리자벳 질버아이즌(Elisabeth Silbereisen)과 결혼함으로써 최초로 성직자의 개혁을 시도한 사람 가운데 하나가 되었습니다. 1522년 11월에는 새로운 목회지 바이센부르크[Weissenburg(불어 및 영어명은 Wissembourg)]에 도착했습니다. 그러나 이곳에서도 오래 머물 수 없었습니다.

1523년 3월에 카피토와 카스파르 헤디오(Caspar Hedio)가 라인강 상류 지역에 위치한 스트라스부르로 초빙되어 온 다음, 5월 중순에 도피처를 찾던 부써 역시 이곳에 도착했습니다. 부써의 부모가 이 도시의 시민이었음에도 불구하고 의회가 그에 대해 호의적이지 않았던 것은, 그가 파문되고 추방된 기혼 사제였을 뿐만 아니라, 성격도 과격한 것으로 평판이 나 있었기 때문이었습니다. 하지만 그 도시의 시민권자인 부써의 아버지가 자신의 아들을 보호해 달라고 의회에 요청했고, 의회는 마지못해 그것을 수락했습니다. 1523년 11월에 부써는 자신의 안전과 적법한 지위를 확보하기 위해 의회에 시민권을 신청했고, 결국 의회로부터 시민권을 획득했습니다.

그런데 이것은 이 도시에서 상당히 중요한 사건이었습니다. 왜냐하면 결혼한 사제도 시민으로서의 권리를 행사할 수 있는 선례를 남겼기 때문입니다. 부써는 바로 이

점에서 선구자가 되었으며, 자신의 유명한 말년 작품인 『그리스도의 나라에 관하여』(*De regno Christi*)에서 결혼과 이혼 문제를 상세하게 다룸으로써 이 주제를 다룬 최고의 종교개혁가가 되었습니다. 사제의 합법적 결혼이라는 선례의 대열에 가장 먼저 이름을 올린 사람은 안토니 피른(Anthony Firn)이었고, 스트라스부르의 위대한 설교자 마테우스 젤(Matthäus Zell)이 그 뒤를 따랐습니다. 젤의 부인이 된 카타리나(Katharina)는 종교개혁 시대의 가장 강력한 영향력을 행사한 여인 가운데 하나였습니다. 이후 여러 사람들이 그 대열에 서게 되었습니다. 빌헬름 폰 호헨슈타인(Wilhelm von Hohenstein) 주교는 이들 모두에게 파문을 선언했지만, 이것은 당시 그 도시에서 아무런 효력도 발휘할 수 없었습니다. 왜냐하면 종교개혁의 시대인 16세기에는 수많은 불성실한 성직자들이 첩을 두고 있었는데, 처벌 대상에서 이들을 면제한 채 성실한 기혼 성직자만 처벌한다는 것은 부당한 것으로 보였기 때문입니다.

스트라스부르는 구텐베르크(Gutenberg)가 인쇄술을 발명한 곳이요, 인문주의의 중심지 가운데 하나였으며, 16세기에는 루터를 비롯한 많은 종교개혁가들의 책들이 대량으로 출판되어 남부 독일 지역에서 종교개혁의 중심지가 되었던 곳이기도 합니다. 이 도시에서는 15세기 말부터 이미 카이저베르크(Kayserberg)라 불리는 요한 가일러(Johann Geiler)에 의해 교회의 악습을 비난하는 설교가 시작되었고, 1510년에 그가 사망하자 마테우스 젤이 그의 뒤를 이어갔습니다. 하지만 이들은 이 도시의 개혁가는 아니었습니다. 젤의 사역을 돕도록 하기 위해 시 당국이 직접 카피토와 헤디오를 초청했음에도 불구하고, 이들 역시 복음을 설교하는 것으로만 만족해야 했습니다. 젤은 이 도시에 흘러들어온 부써에게 그곳의 성직자와 평신도들을 위한 성경강해를 맡겼습니다. 1523년에 출판된 소책자『누구도 자기 자신을 위해서가 아니라, 남을 위해 살아야 한다는 것』은 바로 이러한 작업의 소산물인데, 이것은 스트라스부르 시민들의 마음을 사로잡기에 충분했습니다. 야콥 슈투름(Jakob Sturm)은 카피토와 부써가 시의회의 승인 아래 공적으로 성경을 강해할 수 있도록 도왔습니다. 1524년 2월 21일, 드디어 부써는 급진적인 성향의 야채 상인 길드의 후원으로 성 아우렐리아(St. Aurelia) 교회에서 첫 설교를 할 수 있었고, 결국 5월 31일에 그곳의 단독 목사로 선출되었습니다.[4]

부써는 호소력을 지닌 설교자였습니다. 그의 강력한

---

[4] Eells는 부써가 스트라스부르에 등록된 첫 복음주의 목사였다고 한다. 그의 책 p.31를 참조하라.

설교로 인해 스트라스부르를 뒤덮고 있던 중세의 먹구름이 걷히기 시작했고, 부써는 이 도시의 진정한 개혁가로 급부상하게 되었습니다.

1524년부터 니그리(Nigri)의 도움으로 스트라스부르 교회의 예배 예식이 변화되었습니다. 부써는 이 도시 관할 내의 수도원들을 철폐시키고 그 재산을 구제 사업과 교육 사업에 투자하도록 했습니다. 부써의 개혁은 단지 교회에만 국한되지 않았습니다. 그의 관심사는 도시 전체의 개혁이었습니다. 특히 그는 예배 개혁만큼이나 시급한 교육 개혁의 필요성을 주장했습니다. 그래서 각 교구마다 초등학교를 설립하여 남자 아이들뿐만 아니라 여자 아이들도 교육의 혜택을 받을 수 있도록 했습니다. 청소년을 위한 신앙교육도 새롭게 시작되었는데, 이것을 위해 『교리교육서』(Catechismus)가 새롭게 만들어졌습니다. 결과적으로 1535년 스트라스부르에는 2개의 소녀학교와 6개의 소년학교, 그리고 3개의 라틴어 학교가 존재하게 되었습니다.

부써는 1534년부터 목사를 양성할 수 있는 교육기관을 구상했는데, 그의 꿈은 1538년에 설립된 새로운 아카데미를 통해 실현되었습니다. 이 아카데미의 초대 학장으로는 요한 슈투름(Johann Sturm)이 초빙되었습니다. 아카데미가 설립되던 해에 이곳의 프랑스 피난민(당시 스트라스부르는 프랑스로부터 박해를 받는 개신교도들의 주요 피난처였는데, 칼빈이 이곳에 도착했을 때 프랑스 피난민인 교인의 수는 400~500명에 이르렀다) 교회를 목회하기 위해 초대받은 칼빈도 이 학교에서 3년간 가르쳤습니다. 이 학교에서 부써와 카피토는 성경을, 헤디오는 교회사를 담당했습니다. 1542년 10월에는 1년 전에 사망한 카피토의 빈자리를 위해 이탈리아 인문주의 신학자 피터 마터 버미글리(Peter Martyr Vermigli)가 영입되었습니다. 루카(Lucca)의 어거스틴 수도원 히브리어 교수 엠마누엘 트레멜리우스(Emmanuel Tremellius)도 동역하게 되었습니다. 이것이 바로 스트라스부르 대학의 전신입니다.

1529년 제2차 슈파이에르(Speier) 국회에서 결정한 황제의 선언에 반대하고, 황제가 1530년에 소집할 아우크스부르크 국회에 대비하기 위해 스트라스부르 도시는 다른 세 도시, 즉 콘스탄쯔(Konstanz. 콘스탄스), 린다우(Lindau), 메밍겐(Memingen)과 더불어 『4개 도시 신앙고백서』(*Confessio Tetrapolitana*)를 작성했습니다. 1531년 10월 30일에는 도시의 모든 교회를 효율적으로 감독하기 위해 장로들로 구성된 감독회(Kirchenpfleger)를 만들었습니다. 회원은 모두 21명이었는데, 7개 교구에서 각각 3명씩(시 장관 가운데 1명, 300인회 회원 가운데 1명, 교구원 가운데 1명) 선출했습니다. 이들은 교인들이 정기적인 예배와 설교, 성례의 자리에 참석하도록 하고 그리스도인다운 삶을 살도록 그들을 감시하고 감독하는 임무를 맡았습니다. 그리고 목사와 목사 조력자들의 가르침과 생활을 감독할 뿐만 아니라, 교구 내에서 일어나는 모든 교회와 목회에 관련된 문제들을 목사와 의논하여 처리함으로써 교회 치리의 책임을 감당했습니다. 후에 칼빈이 제네바에 설립한 교회 치리회(Consistoir)는 바로 이 스트라스부르의 감독회를 적용한 것이었습니다. 스트라스부르의 감독회는 부써의 노력에도 불구하고 독립된 치리권을 가질 수 없었습니다. 그래서 시의회가 1533년에 새로운 교회법을 제정하도록 했고, 1534년에 드디어 시의회에 의해 공적으로 『4개 도시 신앙고백서』가 채택되고 16개 조항의 새 교회법이 승인되었습니다.

16세기에 재세례파들은 스트라스부르를 "희망의 도시", "의의 피난처"로 불렀습니다. 그 이유는 스트라스부르가 스위스, 네덜란드, 독일 북부와 남부로부터 피난처를 찾아 떠나온 많은 재세례파 피난민들을 환영해 주었기 때문입니다. 16세기 유럽의 재세례파들에게 스트라스부르는 다른 어느 지역보다 관용적인 도시였습니다. 안드

레아스 폰 칼슈타트(Andreas von Karlstadt=Bodenstein), 발타자르 후버마이어(Balthasar Hubmaier), 한스 뎅크(Hans Denck), 카스파르 슈벵크펠트(Caspar Schwenckfeld), 멜키오르 호프만(Melchior Hofmann), 필그람 마르펙(Pilgram Marpeck) 등 유명한 재세례파 대표자들 대부분이 이 도시에 체류한 적이 있습니다. 이들 가운데 호프만은 이 도시에서 1533년에 체포되어 10년 후인 1543년 말에 감옥에서 죽고 말았습니다. 1530~1540년에 스트라스부르는 재세례파 논쟁으로 잠잠할 날이 없었습니다. 처음에는 재세례파에게 관용적이던 도시도 점차 그들 때문에 많은 소란이 일자, 1534년 3월 3일에 아우크스부르크(Augsburg) 신앙고백과 일치하지 않는 것은 관용하지 않기로 결정하는 시의회 칙령을 발표했습니다. 당시 그 도시에서 재세례파의 수는 2,000명 정도였습니다. 이들이 이 칙령을 수용하지 않고 계속해서 자신들의 입장을 고수하며 소요를 일으키자, 급기야 1538년에 모든 재세례파는 도시를 떠나야 한다는 시의회의 새로운 칙령이 공포되었습니다.

부써 역시 처음에는 그들에게 호의적이었으나, 그들의 완고함 때문에 그들에게서 등을 돌렸고, 결국 그들과 격렬한 논쟁을 벌이는 적대자가 되었습니다. 재세례파가 개혁가들과 입장을 달리하고 그들을 반대한 이유는, 개혁이 자신들의 기대만큼 충분히 과격하지도 급진적이지도 철저하지도 않다는 것이었습니다. 이것을 빌미로 재세례파는 교회의 분열을 조장했는데, 부써의 눈에는 그들이 분명 그리스도의 몸을 스스로 찢으려고 하는 교만한 자들로 보였습니다. 따라서 부써는 더 이상 그들과 함께 한 배를 타고 갈 수 없었습니다.

1540년대 초반에는 부써의 사생활에 상당한 변화가 일어났습니다. 1541년 8월부터 스트라스부르에 창궐하기 시작한 페스트, 즉 흑사병으로 인해 1년이 채 지나지 않아 3,000명가량의 사람들이 떼죽음을 당했습니다. 이 때 부써 집안의 사람도 최소한 9명은 죽었는데, 그 가운데 그의 부인 엘리자베스도 포함되었습니다. 그녀는 1541년 11월에 사망했습니다. 당시 결혼이란 오늘날처럼 로맨스의 결과물이기보다는 삶의 가장 중요한 수단 중 하나였습니다. 즉 여자는 남자에게서 경제적인 지원과 사회적인 보호를 기대한 반면, 남자는 자신을 따르고 고된 가사 일을 감내하는 여자를 원했던 것입니다. 이러한 필요조건과 충분조건 때문에 부써는 1542년 4월 16일에 재혼했습니다. 부써의 재혼 대상은 1541년 11월 4일에 사망한 그의 동료 카피토의 아내 비브란디스(Wibrandis)였습니다. 그녀에게 이 결혼은 네 번째였습니다. 그녀의 첫 남편은 바젤

(Basel)의 학자 루드비히 켈러(Ludwig Keller = Cellarius)였고, 두 번째 남편은 바젤의 종교개혁가 요하네스 외콜람파디우스(Johannes Oecolampadius)였습니다. 1542년에 성 도마(Thomas) 교회 거리의 새 집으로 이사했는데, 그곳은 오늘날 스트라스부르의 성 도마 거리 15번지입니다.

부써는 스트라스부르의 개혁을 위해 혼신의 힘을 다했습니다. 종교적인 박해 때문에 피난민이 된 이탈리아 인문주의 신학자 피터 마터 버미글리는 1542년에 다음과 같이 기록하고 있습니다. "제가 보기에 부써는 결단코 비활동적인 인물이 아닙니다. 그는 설교를 하거나 교회 법규와 지도력을 돌보는 일에 자신의 시간을 소비합니다. … 온 종일 이런 일들을 위해 수고한 다음, 밤에는 공부하고 기도하는 일에 열중합니다. 제가 깨었을 때 그가 깨어 있지 않은 적은 거의 없었습니다." 1543년에 부써는 자신의 마지막 수정판인 『교리문답교육서』를 출판했는데, 거기서 부써는 당시 스트라스부르 도시에 있는 종교개혁을 지지하는 자들 가운데 불온한 도덕적 행위를 자행하는 자들로 인해 임하게 될지도 모르는 하나님의 진노를 두려워하라고 경고했습니다. 그는 교회의 치리와 권징이 교회의 자율성에 속한다는 것, 즉 교회의 영적인 문제에 대해서는 교회가 스스로 처리할 수 있는 권리를 가져야 한다고 주장했으며, 이것이 실현되도록 끊임없이 노력했습니다. 하지만 정작 스트라스부르 시민들은 부써가 목사로 섬기는 성 도마 교회에서의 치리가 다른 어떤 교구 교회보다 엄격하게 적용된다는 사실을 달가워하지 않았습니다. 부써는 정부가 신앙적이고 경건할 경우, 교회에서 일어나는 문제도 다룰 수 있는 감독자 역할을 할 수 있다고 보았으나, 이러한 정부의 종교적인 역할이 모든 교회에 반드시 적용되어야 하는 것으로 간주하지는 않았습니다.

1545년 12월 13일, 신성로마제국 최남단에 위치한 트렌트(Trient)에서는 당시 교황 바울 3세가 "공회"라 부른 종교회의가 장엄하게 개최되었습니다. 개신교도는 아무도 참석하지 않았습니다. 1546년 2월 7일에 드디어 신학적인 문제들을 다루었는데, 특히 성경과 교회 전통의 중요성에 관해 다루었습니다. 10일 후인 2월 18일에 루터는 자신이 태어난 도시 아이스레벤(Eisleben)에서 숨을 거두었습니다. 이 두 사건은 종교개혁의 1막을 종결짓는 결정적인 상징이었습니다.

황제 칼(Karl) 5세가 1530년 제국회의를 종결하면서, 모든 개신교도들에게 1531년 4월 15일까지 로마에 항복하라고 경고했을 때, 헷세의 필립 공과 작센의 요한(Johann)의 주도로 독일 개신교 군주들과 도시들이 정치적 동맹을 결성하였는데, 이것이 슈말칼덴 동맹(Schmallkaldische Bund)이었습니다. 이로 인해 1532년 7월 23일, 황제는 누렘베르크(Nuremberg)에서 개신교도들과 휴전 조약을 체결하지 않을 수 없었으나, 헷세의 필립 공이 자신의 중혼을 속죄하는 뜻으로 더 이상 슈말칼덴 동맹에 새 회원을 받지 않기로 하자 반격에 나섰습니다. 황제는 1544년에 프랑스 및 로마 교황청과 차례로 동맹을 맺은 후, 종교개혁에 가담한 지역을 정복하려는 자신의 목적을 달성하기 위해 1545년 3월 15일에 트렌트에서 교회공회를 소집하기로 교황과 약속했습니다. 자신의 예상대로 개신교도들이 반기를 들고 대항하자, 1546년에 황제는 기다렸다는 듯 슈말칼덴 전쟁을 일으켜 단숨에 그들을 제압했습니다. 이 전쟁에서 패배함으로써 종교개혁에 가담한 독일의 모든 지역과 도시들은 아우크스부르크 국회에서 제국의 법으로 선포된 임시안(Interim)을 수용하지 않을 수 없었습니다.

슈말칼덴 전쟁에서 개신교 동맹군의 참패로 그 동맹 도시 가운데 하나였던 스트라스부르가 아우크스부르크 임시안(Augsburger Interim)을 받아들이도록 강요받았을 때, 부써는 그것을 과감하게 거부했습니다. 왜냐하면 그 문서는 사제에게 결혼을 허용하고 평신도에게 떡과 함께 잔도 나누어주는 이종배찬을 허용한다는 점에서만 개신교의 입장을 지지할 뿐, 이외의 모든 예배의식과 교리에서는 로마 가톨릭의 입장을 고수했기 때문입니다. 결국 스트라스부르의 개혁가는 1549년 자신의 동료이자 후배 파기우스(Fagius) 교수와 함께 그 도시로부터 추방되는 고통을 감내해야 했습니다. 부써는 25년간 공들여 세운 개혁의 탑이 무너져 내릴 위기에 놓인 도시를 남겨둔 채 떠날 수밖에 없었습니다. 부써와 파기우스는 영국 캔터베리의 대주교 토마스 크랜머(Thomas Cranmer)의 초청으로 도버(Dover) 해협을 건너 캠브리지에 도착했습니다. 이후 부써는 캠브리지 대학의 왕립 교수가 되어 가르쳤으나, 2년을 채 넘기지 못하고 1551년 2월 28일 머나먼 이국 땅에서 숨을 거두고 말았습니다. 부써는 스트라스부르를 개혁하기 위해 자신의 모든 의지와 열정을 불태웠으나, 그 불꽃은 그 곳에서보다는 오히려 다른 도시, 특히 제네바[Geneva=원명은 쥬네브(Genéva)]에서 훨씬 강렬하게 타올랐습니다. 부써의 뒤를 이어 헤디오가 남아 스트라스부르의 교회를 이끌었으나, 그의 능력으로는 역부족이었고 설상가상으로 1552년에 흑사병에 감염되어 일찍 죽고 말았습니다. 헤디오의 뒤를 이은 사람은 완고한 루터주의자 요한 마르바흐(Johann Marbach)였습니다. 이로써 스트라스부르의 종교개혁을 주도했던 부써의 열린 정신과 넓은 마음은 질식되고 말았습니다.

2. 그의 저술들

부써의 저술 가운데 출판된 최초의 글은 이 책에 한글로 번역 소개된 설교 형식의 소논문『누구든지 그 자신을 위해서가 아니라, 다른 사람을 위해서 살아야 한다는 것과 사람이 어떻게 그렇게 될 수 있는지에 관하여』입니다. 1523년에 출판된 이 소책자는 부써의 대표적인 저술 가운데 하나인데, 이외에도 수많은 저술들이 16세기에 출판되었습니다. 스트라스부르 종교개혁가의 저술 목록과 서신들, 그리고 그에 관한 연구서들은 로베르트 슈투페리히가 1952년에 작성한 "부써의 도서목록"에 잘 정리되어 있습니다.[5]

부써의 저술들은 논쟁서와 주석서, 번역서, 소논문, 그리고 서신 등으로 크게 구분할 수 있습니다. 먼저 논쟁서들로는 로마 가톨릭 학자들과 루터주의자들, 그리고 재세례파와 논쟁한 글들이 대부분이고, 주석서들로는 그의 최초의 주석인 에베소서 주석을 비롯하여 공관복음과 요한복음, 로마서, 시편, 스바냐 등에 관한 주석이 있는데,

---

5) Robert Stupperich, ed., "Bibliographia Bucerana" in *Schriften des Vereins fur Reformationsgeschichte* 169 (Gütersloh: C. Bertelsmann, 1952), 37-96.

이 가운데 로마서 주석은 30만 개가 넘는 라틴어 단어로 기록된 방대한 분량의 저술입니다. 칼빈은 자신의 로마서 주석에서 부써의 저술을 "바쁜 사람들의 관심을 보류시키는 너무 장황한" 주석이라고 평가했지만, 이것은 결코 부정적인 평가가 아닙니다. 오히려 칼빈은 부써의 로마서 주석이 가지고 있는 탁월함과 우수함을 누구보다 잘 알고 있었습니다. 부써는 루터의 초기 독일어 작품 가운데 몇몇을 라틴어로 번역하고 주석을 달았는데, 이것이 그의 번역서로 분류될 수 있습니다. 칼빈은 독일어를 몰랐지만, 이러한 부써의 번역 덕분에 루터의 독일어 작품을 접할 기회를 갖게 되었습니다. 이외에도 부써가 교회 건설을 위해 작성한 소논문들뿐만 아니라 주고받은 서신들도 상당한 분량에 이릅니다.

수많은 부써의 저술 가운데 주석 이외에 대표적인 저술 세 편을 꼽으라면, 부써 연구가들은 앞서 말한 1523년에 출판된 소논문인 『누구든지 그 자신을 위해서가 아니라, 다른 사람을 위해서 살아야 한다는 것과 사람이 어떻게 그렇게 될 수 있는지에 관하여』(*Das ym selbs niemant, sonder anderen leben soll, und wie der mensch dahyn kummen mog*)와 1538년에 출판된 『참된 목회와 바른 목회사역에 관하여: 어떻게 이것이 그리스도의 교회에 세워지고 시행되어야 하는가』(*Von der waren Seelsorge und dem rechten Hirtendienst, wie derselbige in der Kirchen Christi bestellet und verrichtet werden*), 그리고 1551년에 기록되었으나 1557년에야 비로소 출판된『그리스도의 나라에 관하여』(*De regno Christi*)를 듭니다.

스트라스부르의 종교개혁가에 관한 연구는 스트라스부르의 유명한 종교개혁연구가 프랑수와 방델(Francois Wendel)의 노력으로 결성된 국제부써위원회(Die Internationale Bucer-Kommission)를 통해 부써의 저술들이 현대 활자로 편집되기 시작하면서 본 궤도에 올랐습니다. 원작품의 저작년도 순으로 편집, 출판되고 있는 부써 작품의 비평 편집판은 지금까지 25권 넘게 출간되었습니다. 하지만 아직 출판되지 않은 저술들도 상당수 남아 있습니다. 특히 부써의 성경 주석서들 가운데 요한복음 주석 한 권만이 현대 활자체로 편집된 상태입니다. 독일어 작품의 출판은 독일 귀터슬로의 게르트 몬 출판사(Gütersloher Verlagshaus Gerd Mohn)와 프랑스 빠리의 프랑스대학 출판부(Presses Universitaires de France)가 연합하여 맡고 있으며, 라틴어 작품과 주고받은 서신들의 출판은 네덜란드의 브릴(E.J. Brill) 출판사에서 맡고 있습니다. 이 비평 편집판에는 지금까지 독일어로 작성된 부써의 작품들이 가장 많이 출판되었는데, 이러한 다양한 저술들은 16세기 당시 교회를 위한 그의 활동이 얼마나 폭넓은 것이었는지를 잘 보여줍니다.

3. 교회연합운동의 선구자 마르틴 부써

16세기 당시 부써의 명성은 목회자와 주석가로서 뿐만 아니라 1529년에 개최된 최초의 개신교 연합운동인 말부르크(Marburg) 종교담화와 1539~1541년 사이에 이루어진, 최초의 신-구교 연합운동인 프랑크푸르트, 하게나우, 보름스, 레겐스부르크 종교담화를 주도한 교회연합운동의 선구자로서도 잘 알려져 있었습니다. 그러나 이 연합운동이 큰 결실을 거두지 못한 관계로 그는 구교인 로마교뿐만 아니라 신교인 개신교로부터도 배척받았습니다. 이후 오랫동안 그의 이름은 잊혔고, 그의 작품은 역사 속에 묻혀 버렸습니다. 20세기에 이르러 칼빈 연구가 활발해지면서 칼빈의 사상에 가장 심대한 영향을 준 개혁가들 가운데 한 사람으로 비로소 부써의 이름이 다시 등장하기 시작하다가, 최근 세계교회연합운동과 더불어 그에 대한 연구가 보다 활발하게 진행되고 있습니다.

루터와 쯔빙글리 사이의 성찬논쟁을 종식시키기 위해 헷세의 필립(Philiph von Hessen) 영주의 주도 아래 1529

년 10월 1일부터 4일까지 당시 대표적인 종교개혁가들이 헷세 지역의 중심 도시인 말부르크에 모였습니다. 이 토론회는 최초의 개신교 연합운동으로 간주되고 있습니다. 이 모임은 정치적인 요인이 가장 컸습니다. 1529년 초에 황제 칼 5세가 1526년 개최된 1차 슈파이에르 국회의 결정을 취소하고 보름스(Worms) 칙령을 강요하자, 이에 반발한 여섯 명의 선제후와 14개 도시들이 1529년 4월에 연합하였는데, 개신교를 의미하는 "프로테스탄테스"(Protestantes. 항의자들)라는 용어가 바로 여기서 생겨난 것입니다.

황제의 결정에 반대한 이 항변가들 중에는 필립 영주처럼 자신들이 추종하는 종교개혁가들 사이에 치열하게 진행되고 있던 성찬논쟁이 정치적 분열의 불씨가 될 것이라고 본 사람들도 있었습니다. 그들은 분열을 막고 더욱 확고한 연합을 구축하는 길을 시급하게 모색했기 때문에 말부르크 토론회야말로 최선의 대책이라고 생각했습니다. 작센을 중심으로 한 독일 북부 지역의 대표로는 루터를 비롯해 멜랑흐톤, 요한 아그리콜라, 브렌쯔, 오시안더가 참석하였고, 스위스 지역과 독일 남부의 대표로는 쯔빙글리를 비롯해 외콜람파디우스, 야콥 슈투름, 부써, 헤디오가 참석했습니다. 그들은 3일 동안의 격론 끝에 15개 조항의 일치문서를 작성하게 되었습니다. 그런데 14개 조항에서는 상호간에 어떤 불일치도 없었으나, 성찬을 다룬 마지막 15번째 조항에서 일치를 이루지 못했습니다. 하지만 루터 측과 쯔빙글리 측은 각자 자신들이 승리했다고 확신했습니다. 결과적으로 종교개혁가들 최초의 연합운동은 실패하고 말았습니다.

필립 영주는 스트라스부르의 행정대표 야콥 슈투름에게 꼭 부써를 대동해 달라고 부탁했습니다. 이유는 부써가 이 성찬논쟁을 어느 한쪽으로 치우침 없이 잘 이해하고 있다고 믿었기 때문입니다. 말부르크 회담이 시작되어 이틀이 지날 때까지 부써는 신학논쟁에서 거의 아무런 역할을 하지 않았습니다. 드디어 양측의 합의가 결렬된 후인 10월 3일 오후에 슈투름은 부써를 불렀습니다. 그는 부써가 루터의 입장을 승인함으로써 두 개혁가를 중재하려 했습니다. 그러나 불행하게도 루터는 부써를 믿을 수 없는 인물이라고 주장하며 다음과 같이 선언했습니다. "당신들은 우리와 다른 영을 가지고 있소. 반대로 우리가 하나의 동일한 영을 가지고 있지 않다는 것은 명백하오." 루터는 부써의 어떤 말도 귀담아 들으려고 하지 않았습니다. 반면 부써는 일치를 이루기 위해 필사적이었고, 그리스도의 몸인 교회가 둘 혹은 셋일 수 없다고 강조했습니다. "우리 모두는 영적으로뿐만 아니라, 육적으로도 한몸입니다." 부써는 교회의 하나됨이란 단순히 이론적인 것에만 그치는 것이 아니라, 실제라는 사실을 누구보다 잘 알고 있었기에 이런 말을 남길 수 있었습니다. "우리 주 예수 그리스도를 고백하는 자들 – 그러나 아무도 그리스도의 영 없이는 바르게 고백할 수 없습니다 – 과 성화에 열심을 가진 자들 – 이런 일은 하나님의 자녀들에게만 나타납니다 – 속에 그리스도의 성령께서 역사하시는데, 그들은 그분 자신의 소유입니다. 만일 우리가 그들을 형제로 인정하지 않는다면, 우리는 그들 속에 계시는 그리스도를 버리는 것입니다." 부써의 이러한 정신은 자신과 다른 거의 모든 것을 배격한 루터의 자세와 얼마나 다릅니까!

부써는 루터와 쯔빙글리의 성찬론이 근본적으로 다르지 않다고 보았습니다. 이유는 성찬에 대한 그 둘의 신학적 견해 차이가 단지 그들 자신이 선택하고 사용한 "용어상의 차이"일 뿐이라고 보았기 때문입니다. 그는 남부독일의 동료 개혁가 암브로시우스 블라러(Ambrosius Bla[u]rer)에게 보낸 1530년 1월 16일자 편지에서 다음과 같이 충고합니다. "단어 논쟁을 피하십시오. 모든 믿음이 그리스도께 있는 한, 그것은 안전합니다. 모두가 동시에 동일한 것을 보지는 못합니다. … 만일 우리가 이 단순한 길을 믿고 행동한다면, 우리는 주님의 참된 제자가 될 것이며 영원한 생명을 위해 참으로 그를 먹을 것이고 거만하고 헛된 사변을 쉽게 피하게 될 것입니다. 이러한 사변들은 단지 공명심과 공론을 위해서만 유용할 뿐입니다." 부써는 서로가 한발씩만 물러서서 이해심을 가지고 그들 자신과 서로를 바라볼 수 있기를 원했으나, 그것은 실현 불가능한 소원이 되고 말았습니다. 부써는 말부르크 회담이 결렬된 이유는 기독교인들의 일치를 파괴하는 사탄의 분노 때문이라고 보았습니다.

교회일치를 위한 부써의 열정은 여기서 식지 않았습니다. 그는 자신에 대한 루터와 그의 동료들의 불신에도 불구하고 끈질기게 루터와의 연합을 시도했으며, 결국 1536년 5월 말경에 비텐베르크 일치신조(Wittenberger Konkordie)를 통해 루터 지지자들과 개혁적인 독일 남부 도시들을 하나로 묶는데 성공했습니다. 이 합의 문서는 성찬의 떡과 잔의 요소에 그리스도께서 실제로 임재하신다는 것을 인정했습니다. "교회는 하나"라는 확신으로 가득 찬 부써는 이로써 개혁 초기부터 불거진 개혁가들 사이의 불일치라는 어두운 그림자를 걷어내는데 성공했습니다. 그러나 불행하게도 이 비텐베르크 일치신조는 정작 부써와 동지관계인 스위스 지역에서는 수용되지 못했습니다. 이유는 쯔빙글리의 후계자 하인리히 불링거(Heinrich Bullinger)가 부써에 대해 지나친 반감을 가지고, 그를 의심스러운 인물로 공공연히 비난함으로써 스위스의 개혁 도시와 지역에 비텐베르크 일치신조를 받아들이지 못하도록 했기 때문입니다. 이에 칼빈은 불링거에게 편지를 보내어 부써의 인품과 공로를 높이 평가하면서 그에 대한 지나친 반감을 삼가도록 조언하기도 했습니다. 부써가 이루지 못한 스위스 개혁도시와의 연합은 부써가 스트라스부르를 떠난 후 제네바의 개혁가 칼빈에 의해 성사됩니다. 1549년에 칼빈은 부써의 교회연합정신을 이어받아 쮜리히의 불링거와 더불어 성찬에 대한 의견일치를 확인하는 문서를 작성하게 되는데, 이것이 "쮜리히 일치신조"(Consensus Tigurinus)입니다.

1538년 말과 1539년 초, 로마교도인 게오르크(Georg) 공작이 다스리던 작센 공국의 가장 중요한 도시 라이프찌히(Leipzig)에서 진행된 비밀 협상에 부써는 상인으로 위장하여 참여했는데, 이것은 자발적인 것이긴 했으나 그를 이 모임에 참여하도록 여러 가지 환경적인 요인들이 작용했던 것도 사실입니다. 이 비밀 모임을 주도한 인물은 작센 공국의 참사관 게오르크 폰 칼로비츠(Georg von Carlowitz)였습니다. 헷세 공국의 대표로는 필립 공의 참사관 요하네스 파이거(Johannes Feige)가 참석했고, 멜랑흐톤과 참사관 그레고르 브뤽(Gregor Brück)이 선제후령 작센의 대표로 참석했습니다. 칼로비츠 외에도 루트비히 팍스(Ludwig Fachs)와 게오르크 비츨(Georg Witzer)이 작센 공국의 대표였는데, 비츨은 루터교도였으나 후에 로마교로 개종한 인물입니다. 부써와 비츨 사이에 신학적 논쟁이 뜨거워지자 멜랑흐톤과 브뤽은 철수해버렸습니다. 라이프찌히 비밀 회의는 부써가 작성한 15개 조항에 양측이 동의하는 것으로 종결되었습니다. 상이한 신학적인 논점들은 대부분 다루어지지 않았으며, 부써는 로마교에 어떤 교리적인 양보도 하지 않았습니다. 이 15개 조항의 본문은 몇 년이 지나지 않아 제국뿐만 아니라 로마 교황청까지 폭넓게 유포되었습니다. 이것이 계기가 되어 1539년의 프랑크푸르트 협상(Frankfurter Anstand)에서부터 시작하여 1541년까지 차례로 하게나우(Hagenau), 보름스(Worms), 레겐스부르크(Regensburg)에서 개혁 측과 로마교 측 사이의 신학적인 대화가 진행되었습니다.

이러한 대화에서 하나뿐인 하나님의 교회가 연합해야 하고 연합할 수 있다는 부써의 신념은 확고했습니다. "나는 우리가 기독교 신앙의 본질적인 문제들에 있어서 일치에 도달할 수 있으며 나머지 해결되지 않는 것들은 기독교

자유의 문제로 남겨둘 수 있으리라 분명히 확신합니다. 만일 우리가 진심으로 하나님께만 초점을 맞추고자 한다면…" 부써는 진리에 관한 문제가 아닌 모든 것은 양보할 각오가 되어 있었습니다. 부써의 이러한 자세는 개혁을 지지하는 필립 공뿐만 아니라, 쾰른(Köln)의 대주교이면서 동시에 선제후였던 헤르만 폰 비트(Hermann von Wied)의 마음을 사로잡았습니다. 부써는 대주교 비트에게 "진실한 기독교 개혁"을 수행할 것을 권면했습니다. 레겐스부르크 회의가 종결된 후 대주교는 쾰른의 개혁을 위해 부써에게 자문을 구하고 개혁을 시도했습니다. 결과적으로 쾰른의 개혁은 개신교 지역에 대한 황제의 적개심과 교황청의 방해 공작으로 인해 무산되고 말았지만, 개혁을 위한 부써의 노력과 영향력은 결코 과소평가될 수 없습니다.

개혁 측과 로마교 측의 마지막 협상 기회였던 레겐스부르크 회의는 황제 칼 5세가 소집해 4월 5일 개회되었습니다. 황제는 4월 21일 에크(Eck)와 율리우스 플룩(Julius Pflug)과 요하네스 그롭퍼(Johannes Gropper)를 로마교 측 대표자들로, 멜랑흐톤과 부써와 요하네스 피스토리우스(Johannes Pistorius)를 개신교 대표자들로 각각 임명했습니다. 칼 5세는 두 진영이 연합되기를 원했습니다. 에크와 멜랑흐톤은 토론을 위한 기본 자료를 받아들이기로 결정했는데, 그것은 그룹퍼와 부쎄가 공동으로 작성한 "보름스 책자"를 교황의 대리자 콘타리니(Contarini)와 몇몇 로마교 신학자들이 조금 수정한 "레겐스부르크 책자"였습니다. 이로써 멜랑흐톤은 아우크스부르크 신앙고백을 유일한 협상 출발점으로 요구한 선제후령 작센의 입장을 더 이상 고집하지 않았습니다.

4월 27일, 양측은 큰 어려움 없이 인류의 타락과 원죄를 다룬 첫 4개 조항에 동의할 수 있었으나, 이신칭의 즉 믿음으로 의롭게 된다는 논제에 대해서는 일치점을 찾기가 어려웠습니다. 에크와 멜랑흐톤은 이 논제를 두고 격론을 벌였습니다. 하지만 5월 2일, 콘타리니와 부쎄의 역할로 서로가 동의할 수 있는 새로운 본문이 만들어졌습니다. 종교개혁의 최고 화두요 두 진영을 갈라놓았던 가장 심각한 장애물인 "칭의" 문제가 극적으로 타결된 것입니다. 이로써 일치를 이루는데 가장 큰 장애물이 사라졌습니다. 하지만 화해에 대한 기대는 곧 이은 교회에 관한 토론이 시작되면서 산산이 부서지고 말았습니다. 견진, 즉 입교와 세례에 관한 조항에서는 일치를 보았으나, 5월 5일 미사와 성찬 문제에 도달하자 협상은 결렬되기 시작했습니다. 그럼에도 불구하고 양측을 대표하는 6명의 신학자들은 나머지 조항들을 다루기 위해 5월 14일부터 22일까지 토론을 지속했습니다.

교회론에 관한 양측의 상반된 주장은 쉽게 타협점을 찾을 수 없었습니다. 그러는 사이에 교황청과 루터 양쪽 모두 이신칭의 교리의 타협안을 거절했습니다. 7월 5일, 로마교 진영은 자신들의 입장이 좀더 많이 반영된 새로운 개정안을 요구한 반면, 7월 12일, 개신교 측은 아우크스부르크 신앙고백과 그것의 변증서를 가지고 타협안 전부를 재조명할 것이라고 선언했습니다. 이제 양측 모두 더 이상 부써의 탄원에 귀를 기울이지 않았습니다. 레겐스부르크 국회는 7월 29일, 개신교에 매우 불리한 칙령이 선포됨으로써 종결되었습니다. 회의 결과에 대한 황제의 실망은 매우 컸습니다. 하지만 이것은 오히려 황제에게 정치적으로 유리하게 작용했습니다. 부써는 회의 결과에 대해 실망하지는 않았지만, 결국 가장 큰 피해자가 되고 말았습니다. 왜냐하면 아직 완전히 분리되지 않은 시기에 로마교 진영과 개신교 진영이 화해할 수 있는 마지막 기회였던 레겐스부르크 회의가 실패함으로써 부써는 루터 측과 교황 측 모두로부터 신뢰를 완전히 잃어버렸기 때문입니다.

교회의 연합과 관련하여 부써라는 인물은 원칙과 신학적인 일관성이 없으며 상황에 따라 실용적인 자세를 취한 중재신학자요, 기회주의자로 잘못 알려져 있습니다.

파우크(Pauck)가 평가한 것처럼, 부써는 "개신교 심장을 가진 가톨릭 교도"(a Catholic with a Protestant heart)라 불릴 지도 모릅니다. 하지만 스트라스부르의 개혁가는 결코 연합을 위해 모든 것, 즉 근본적인 믿음의 도리까지도 양보하는 "일치에 미친 사람"은 아니었습니다. 그는 레겐스부르크에서 쓴 1541년 8월 11일자 편지에 다음과 같이 고백하고 있습니다. 이 편지의 수신자는 보헤미아(Bohemia)와 모라비아(Moravia)의 왕 요한네스 아우구스타(Johannes Augusta)와 그곳에서 그리스도를 설교하는 모든 형제들로 기록되어 있습니다. "우리는 모든 것에 동의하는 것은 아닙니다. 다만 우리는 경건에 기본이 되고 근본적이며 필수적인 모든 것에 한하여 동의합니다."

부써는 신앙의 본질적인 요소와 비본질적인 요소를 구분하고, 기독교의 본질이라고 생각한 구원과 일치할 경우에만 동의할 수 있다는 전제 아래, 이것 이외의 모든 것은 비본질적인 요소, 즉 아디아포라(adiapora)의 문제로 보고 일치의 문제를 다루었던 것입니다. 따라서 영국 시절에 부써는 목사의 의복 문제가 심각한 신학적인 논쟁 주제로 대두되었을 때도 이것을 비본질적인 요소로 간주했던 것입니다. 암브로시우스 블라러는 불링거에게 보내는 1543년 12월 12일자 편지에서 부써의 이러한 자세에 대해

"그는 그리스도의 나라가 확장될 수만 있다면, 한 사람 한 사람에게 모든 것이 됩니다."라고 평가했습니다. 이렇듯 부써는 그리스도의 나라가 세워질 수만 있다면, 모든 사람에게 "입의 혀"가 되고, 모든 것을 양보하며 희생할 수 있는 인물이었습니다. "참으로 부써는 교회연합운동의 선구적인 대가입니다."(Vere Bucerus princeps oecumenicus est)

16세기 교회연합운동의 선구자 부써는 평화의 사도였습니다. 평화의 사도는 당대의 평화를 위해 어느 편도 아닌 중간 지대에서 양측 모두와 격렬한 전투를 벌여야 하기 때문에 양 편에 속한 모든 사람들에게 쉽게 미움의 대상이 될 뿐만 아니라, 이로 인해 후대의 사람들에게도 오명의 인물로 소개되거나, 아니면 거의 잊혀져버립니다. 평화의 사도로서 부써 역시 오해 받고 잊혀진 인물로서 역사 속에 오랫동안 깊숙이 묻혀 있었습니다. 하지만 부써는 당대의 인문주의적 평화주의자 에라스무스와 다르게 평가되어야 합니다. 에라스무스가 평화를 외친 것은 자신의 안전을 확보하는 길이었으나, 부써가 외친 평화는 자신의 안전과 무관한 것이요, 오히려 그것을 가장 심각하게 위협하는 것이었습니다. 부써가 교회의 일치와 평화를 이루기 위해 희생한 것은 성경의 근본적인 가르침이 아니라 자신의 안전이었습니다. 교회의 일치와 연합에 대한 그의 열정은 남다른 것이었습니다. 부써는 하나 뿐인 하나님의 교회를 분리시키지 않고 지킬 수만 있다면, 그 길이 아무리 험하고 자신의 모든 지위와 소유를 잃고 심지어 목숨까지 위협받는다 해도 그 고난의 길을 기꺼이 가고자 했습니다. 이러한 일치에 대한 뜨거운 사랑의 유산을 물려받은 사람이 제네바의 개혁가 칼빈이었습니다. 칼빈 역시 부써와 같이 교회가 하나 될 수만 있다면 "열 개의 바다"라도 건너리라는 희생을 각오했습니다. 이렇듯 부써와 칼빈의 삶은 더 이상 그들 자신을 위한 것이 아니라, 그리스도와 그 분의 교회와 이웃을 위한 것이었습니다.

4. 스트라스부르의 "기독교 공동체" (Christliche Gemeinschaften)

쾰른의 개혁이 실패로 돌아가고 황제가 개신교에 우호적이었던 공작 빌헬름 4세(Wilhelm IV)의 율리히-클레브스-베르크 공국을 무참히 정복한 1543년, 부써는 이미 개신교 진영에 드리운 어두운 그림자를 보고 경고했습니다. 그는 불링거에게 보낸 1543년 12월 28일자 편지에서 이렇게 결론내렸습니다. "저는 독일을 멸망에서 구할 기회를 완전히 잃어버렸다고 봅니다. 주 예수여, 우리가 온 마음을 다해 우리 자신을 당신께 바치도록 하시옵소서!

이것만이 우리가 이미 타오르기 시작한 하나님의 진노를 피할 길입니다. 선지자들의 시대가 도래했습니다. 주여, 선지자와 동일한 심령으로 백성들에게 회개하라고 외칠 수 있는 기회를 우리에게 주옵소서!"

1544년 2월 20일 개최된 슈파이에르 국회에서 개신교 측은 터키와 프랑스를 대항하여 전쟁을 치러야하는 황제를 돕기로 승인했습니다. 논쟁 중인 종교 문제는 연기되었습니다. 프랑스와의 전쟁은, 황제군이 프랑스를 기습적으로 선제공격한 것이 성공하여, 1544년 9월 14일에 크레피(Crépy) 평화조약을 통해 종결되었습니다. 황제는 1545년 8월 4일 제국회의를 통해 1546년에 레겐스부르크에서 종교 회의를 소집할 것이라고 약속함으로써 개신교도들을 안심시킨 다음, 터키와의 전쟁을 위해 교황과 접촉하면서 개신교 측의 슈말칼덴 동맹을 약화시키고 그들을 제압할 계획을 세웠습니다. 1545년 12월 13일에는 교황이 소집한 트렌트에서 교회 공회가 시작되었습니다. 쾰른의 개혁을 시도한 헤르만 대주교는 1546년 4월 16일 출교되어 해직되었습니다. 황제는 1546년 6월 19일 작센의 모리츠(Moritz)를 자기편으로 만드는데 성공함으로써 자신의 계획대로 개신교 동맹을 결정적으로 약화시켰습니다. 또한 그는 1547년 4월 24일 작센의 선제후를 격파하여 포로로

잡고 6월 19일 헷센의 필립도 굴복시킴으로써 슈말칼덴 전쟁에서 승리자가 되었습니다. 결과적으로 1548년 6월 30일에 개신교 측은 아우크스부르크에서 개최된 무장 국회를 통해 1548년 4~5월에 만들어진 "아우크스부르크 임시안"을 수용하지 않을 수 없었습니다.

부써는 개신교 측이 슈말칼덴 전쟁에서 황제 군에 패배한 원인을, 개신교도들이 황제 군보다 고백적인 교회를 설립하고 조직하는데 미온적인 태도를 취한 것과, 하나님의 진노와 심판으로 보았습니다. 그는 교회가 초대교회의 사도성과 거룩성, 통일성, 보편성을 회복하는 길만이 하나님의 진노와 심판을 피할 수 있는 길이라고 판단했습니다. 정부의 소극적인 태도는 교회의 사도성과 거룩성을 위협하고, 재세례파의 고집스럽고 강경한 자세는 통일성과 보편성를 위협하는 것처럼 보였습니다. 이러한 회복을 열망한 결과 생겨난 것이 스트라스부르 교회 내의 "기독교 공동체"(Christliche Gemeinschaften)라는 모임입니다. 부써와 그의 몇몇 동료들에 의해 1547년 2월부터 시작된 이 모임의 목적은 참된 기독교 공동체를 건설하는 것이었습니다. 그들은 기존 교회를 인정하면서 동시에 그 기존 교회의 부족한 부분을 보충해줄 수 있는 잘 조직된 활력 있는 작은 공동체가 필요하다고 보았습니다.

이 모임은 결코 스트라스부르에 존재하고 있던 교회에 대한 부정이나 포기, 혹은 반립의 구도를 의도하지 않았습니다. 따라서 이 모임을 한 세기 이후에 등장하게 되는 독일 경건주의 운동의 핵심적 개념 "교회 내의 교회"(ecclesiola in ecclesia)와 동일한 것으로 간주해서는 안 됩니다. 왜냐하면 부써는 "기독교 공동체"를 경건한 자들만의 분리적인 모임으로 생각하지 않았기 때문입니다. 오히려 그 모임은 교회의 내부적인 통일성을 재건하기 위한 일시적이고 잠정적인 조치, 즉 충격요법이었습니다. 이런 점에서 부써는 결코 "종교개혁가들 가운데 경건주의자"나 "경건주의의 선구자"로 불릴 수 없습니다.

결론

마르틴 부써는 캠브리지에서 왕에게 성경을 읽어주는 독경사로서 자신의 생을 마감한 사람으로, 개신교 종교개혁에서 잊혀진 인물 가운데 한 사람입니다. 다행스럽게도 그는 자신을 추종하는 종파나 교회를 만들지 않았으며, 자신을 최초의 영웅으로 삼는 부써주의(Buceranism)를 양산하지도 않았습니다. 그는 자신의 개혁 도시인 스트라스부르에서조차도 자신의 뜻대로 개혁을 이루는데 성공하지 못하고 결국 추방되고 말았습니다. 스트라스부르는 부써가 떠난 이후 루터파의 영향 아래 들어갔기 때문에 더 이상 부써의 신학적, 교회적 유산을 물려받지 못했습니다. 부써는 자신의 신학적 불명료성 때문에 때로는 쯔빙글리주의자로, 때로는 루터주의자로, 때로는 칼빈주의자로 해석되어 왔습니다.

루터의 우선적인 관심은 개인의 구원 문제, 즉 어떻게 구원 받을 수 있는가의 문제였는데, 그는 이 문제를 교리적으로 개혁하려고 했던 반면, 부써의 일차적인 관심은 교회 전체의 부조리 문제, 즉 어떻게 기독교 사회 전체가 참으로 기독교적일 수 있는가의 문제였는데, 그는 그것을 제도적으로 개혁하려고 했습니다. 루터교회보다 개혁교회가 "기독교 국가"(civitas christiana)에 대한 관심을 훨씬 더 많이 가지고 있는 것은 에라스무스의 영향을 받은 개혁파 종교개혁가들의 사상 덕분이라 할 수 있습니다. 개혁교회에 속한 선구적인 종교개혁가들 대부분이 에라스무스에 대해 우호적이었던 반면, 루터는 그와 결별한 이후 적대적이었습니다. 그러나 개혁파 종교개혁가들은 사회적, 제도적 개혁에 대한 에라스무스의 외침에 적극적으로 동조했습니다. 그렇다고 그들이 그의 자유의지론까지 수용한 것은 아닙니다. 오늘날 개혁교회가 어느 교파보다 사회 참여와 개혁에 대해 큰 목소리를 내는 것도 이러한 역사적 배경 때문입니다.

특별히 부써는 이 세상에서 "그리스도의 나라", 즉 그리스도께서 통치하시는 이상적인 기독교 사회가 구현될 수 있고, 구현되어야 한다고 믿었던 개혁가 가운데 한 사람이었습니다. 그는 온 세상은 하나님의 피조물이므로 당연히 그분의 다스림을 받아야 한다고 생각했고, 따라서 이러한 창조질서의 회복이 곧 구원의 궁극적인 목표이자 결과라고 생각했습니다.

죄가 소멸될 때 그 목표와 결과가 이루어집니다. 죄가 교만과 불순종으로 인해 발생한 것이라면, 회복은 겸손과 순종을 통해 이루어져야 합니다. 여기서 순종이란 조물주이신 하나님에 대한 자세일 뿐만 아니라 피조물 상호간에도 회복되어야 할 자세이기도 합니다. 서로 순종한다는 것은 서로를 섬긴다는 것을 의미합니다. 이러한 섬김은 하나님께서 베푸시는 사랑에 의해 가능합니다. 사랑은 섬김을 낳고 섬김은 영원한 생명을 낳습니다. 이것이 부써 신학의 핵심입니다. 부써는 "그것은 경건하고 복되게 사는 것"(Vera theologia scientia est, pie et beate vivendi)"이라고 정의하면서 "참된 신학이란 이론적이거나 사변적인 것이 아니라, 활동적이고 실천적인 것(Vera theologia non theoretica vel speculativa, sed activa et practica est)이라고 주장했습니다. 그만큼 그에게서 신학은 결코 정적인 어떤 것이 아니라 항상 동적인 것이었습니다. 즉 신학 그 자체가 행동이고 실천이었습니다. 이런 점에서 부써의 신학은 청교도 신학의 뿌리라고 할 수 있습니다. 부써보다 한 세대 후의 인물이요 영국 경건주의의 아버지라 불리는 펄킨스(Perkins)는 부써가 가르친 캠브리지 대학 출신이었습니다. 이것은 상당히 흥미로운 사실입니다.

한편 부써는 성령의 사람, 윤리의 사람, 교회일치의 사람이라 불립니다. 그는 또한 교회의 사람이었으며, 봉사의 사람이기도 했습니다. 그가 외친 교회의 회복은 단순히 교회의 내적 회복만을 의미하지 않았습니다. 오히려 그것은 교회 개혁을 통한 사회 전체, 국가 전체, 세계 전체의 회복을 의미했습니다. 이런 의미에서 그가 말한 봉사도 이해할 수 있습니다. 곧 봉사는 교회 직분을 통한 교회 내의 봉사와 사회적, 국가적 직분자의 하나님과 교회를 위한 봉사, 나아가서는 모든 피조물 상호간의 사랑의 봉사를 내포하는 것입니다. 부써는 교회를 통한 세상의 변화를 추구한 인물이기도 합니다. 왜냐하면 그는 이 세상의 "모든 진리는 하나님의 진리"라고 믿은 확고한 믿음의 소유자였기 때문입니다. "모든 진리는 하나님의 진리", 이것이 부써 신학을 관통하는 맥입니다.

3부

교제로서의 예배와 삶:
마르틴 부써의 예배 이해

Worship and Life as Fellowship:
the Reformer Martin Bucer on the Worship

황대우

문제제기

오늘날 한국 교인들이 예배에 대해 가지는 관심은 어느 때보다도 지대합니다. 또한 미국의 영향으로 새로운 예배 형태들이 다양하게 도입되고 있습니다. 그런데 이러한 새로운 예배 형태의 대부분은 청중의 관심 유도에 초점을 맞춥니다. 그래서 어떤 것들은 역사적인 예배 형태의 일부를 수정하는 정도가 아니라, 거의 전면적인 수정 내지는 재창조에 가깝기도 합니다. 아마도 이러한 현상은 "꿩 잡는 것이 매"라는 식의 교회의 양적 성장 일변도와 무관하지 않을 것입니다. 개신교 교회들이 청중을 예배에 보다 많이 참여시키기 위해 예배 형식을 바꾸는 일은 때로 그들의 예배 역사를 완전히 무시하는 결과를 초래하기도 합니다. 그러나 보다 건전한 예배개혁은 예배의 역사에 대한 이해가 선행될 때 기대할 수 있습니다. 이런 점에서 종교개혁시대 이후에 발전된 개신교 예배의 변천사를 연구하는 일은 그 어느 때보다 이 시대 한국교회의 현실에 절실히 요구됩니다.

본 연구는 이런 요청에 부응하기 위한 시도로서 마르틴 부써의 예배 이해를 다루려고 합니다. 마르틴 부써는 개신교 예배 발전에 중요한 역할을 한 초기 종교개혁가들 중 한 사람입니다. 특히 그는 개혁파 교회의 예배 개혁에 큰 영향을 끼친 인물입니다. 이런 점에서 그의 예배에 대한 이해와 그것에 기초한 예배 개혁에 대해 살펴보는 것은 의미 있는 일일 것입니다.

1. 부써의 대표적인 저술

앞에서도 말했듯이, 부써의 저술에서 대표적인 저술 세 편을 꼽으라면, 1523년에 출판된 『누구든지 그 자신을 위해서가 아니라, 다른 사람을 위해서 살아야 한다는 것과 사람이 어떻게 그렇게 될 수 있는지에 관하여』와 1538년에 출판된 『참된 목회와 바른 목회사역에 관하여: 어떻게 이것이 그리스도의 교회에 세워지고 시행되어야하는가』, 1551년에 기록되었으나 1557년에야 비로소 출판된 『그리스도의 나라에 관하여』를 들 수 있습니다. 첫 번째 책은 기독교 세계관과 그리스도인의 사회윤리에 관한 책이고, 두 번째 책은 교회와 목회의 본질을 성경적으로 분석한 책이며, 세 번째 책은 교회와 국가의 역할과 기능을 상술한 책입니다. 이 세 권에서뿐만 아니라 다른 모든 작품들에서 나타나는 부써 신학의 정수는 삼위 하나님(창조주요 섭리자이신 성부 하나님과 구속주요 왕이신 성자 하나님 그리고 창조원리와 구속원리의 집행자이신 성령 하나님)의 창조와 구원사역의 목적이 '봉사'라고 가르치는 것입니다. 왜냐하면 피조된 인생의 목적이 자신의 유익을 추구하는 것이 아니라, 다른 사람의 유익을 추구하는 것이요 하나님의 영광을 추구하는 것이기 때문입니다. 창조원리로서 '섬김'은 구속원리로서 '섬김'을 통해 회복됩니다. 부써에게서 이와 같은 '봉사'와 '섬김'은 죄로 인해 철저하게 파괴된 '진정한 교제의 회복'입니다. 즉 이 '섬김'을 통해 하나님과 인간과의 교제뿐만 아니라 인간과 인간의 교제, 인간과 다른 피조물과의 교제가 바르게 정립된다는 것입니다.[1]

이러한 교제의 회복이란 개념은 부써 신학의 핵심적 요소로서 그의 예배론에서도 지배적인 원리로 작용합니다.

2. 종교개혁 원리와 예배개혁

종교개혁은 '혁명'이 아닙니다. 왜냐하면 종교개혁가들은 새로운 교리에 근거한 새로운 교회를 세우기 위해서가 아니라, 하나님의 지상 교회를 성경의 가르침에 따라 바르게 세우기 위해 전심전력했기 때문입니다. 따라서 그들은 새로운 신학을 위해 획기적인 신학 용어들을 만들거나, 새로운 교회 건설을 위한 교회제도 내지는 교회법을 창안하지도 않았습니다. 그들이 원한 것은 교회의 역사적 연속성을 수용하는 개혁이지, 이전의 중세적인 것들을 모조리 거부하는 혁명이 아니었습니다. 이런 의미에서 종교개혁은 기독교 교회 건설운동(the movement for the edification of the Christian Church)으로 정의될 수 있을 것입니다. 이러한 기독교 교회 건설운동은 단순히 문예부흥 운동의 기치인 "원천으로"(ad fontes)라는 원리와 동일한 것으로 간주될 수 없습니다. 왜냐하면 종교개혁이란 신학적인 교리면에서나 교회적인 신앙생활면에서 초대교회로의 회복운동만은 아니기 때문입니다.

개혁가들에게서 초대교부들의 신학과 초대교회의 생활은 성경보다 우선된 개혁원리가 아니었습니다. 첫째 개혁원리는 성경 자체였습니다. 이것이 바로 "오직 성경으로"(sola scriptura)의 원리입니다. 그러나 개혁가들은 이것을 자신의 경험에만 근거한 비역사적이며 지극히 주관적인 방법으로 해석하지 않았습니다. 그들은 교회역사를 존중했기 때문에, 그 역사 속에 존재한 위대한 신앙의 선배들의 가르침을 무시하지 않았습니다. 따라서 초대교회 교부들의 신학과 초대교회의 생활은 성경을 바르게 해석하는 중요한 자료로 사용되었던 것입니다.

종교개혁 당시 로마교회가 교회역사를 자신의 일그러진 모습을 은폐하고 정당화하기 위한 수단으로 사용하였던 반면, 재세례파교도들은 그 교회역사를 완전히 청산해야 할 잘못된 것으로 간주하였기 때문에 하나님의 교회 역사로 인정하지 않았습니다. 그래서 로마교회가 교회를 역사의 중심과 주체로 삼았던 반면, 재세례파는 성경의 가르침에 따른 질적으로 새로운 교회, 즉 하나님의 완전한 지상교회 건설을 시도하였던 것입니다. 하지만 이 두 그룹과는 달리 종교개혁가들은 역사적 교회의 연약성과 타락 가능성을 인정하면서도, 역사 속에 있는 지상교회가 아무리 타락한 모습이라 해도 교회와 역사의 유일한 주체이신 하나님 자신의 교회라는 사실을 부인하지는 않았습니다. 왜냐하면 하나님께서는 단 한 순간도 자신의 구원의 기관인 지상교회를 통해 자신의 백성들을 불러 모으시는 일을 멈추지 않으셨기 때문입니다. 따라서 타락한 지상교회는 언제든지 개혁을 통해 바르게 세워져야 한다는 것이 종교개혁, 즉 교회개혁의 출발점입니다.

종교개혁가들의 예전(liturgia) 개혁은 바로 이러한 교회개혁의 원리에 따른 교회건설(aedificatio ecclesiae)의 매우 중요한 수단이었습니다.[2] 예전 개혁을 시도한 주요 종교개혁가들로는 루터, 쯔빙글리, 부쎄, 칼빈 등을 들 수 있는데, 이들이 제안한 예전 개혁은, 마치 그들이 중세의 인간중심적인 공로신학을 거부하고 성경의 신중심적인 은혜신학을 회복한 것처럼, 일차적으로 예배에서 공로신학적인 희생제사(sacrificium missae) 개념을 제거함으로써, 예배가 하나님의 은혜에 대한 감사로 드리는 찬미의 제사(hostia laudis)라는 점을 회복시키는 일이었습니다. "그러나 그가[그리스도께서] 스스로 자신을 단번에 드리신 것처럼, 우리 역시 찬미와 감사의 제사를 드리기 위해 우리의 몸을 제물로 바칩니다.[3] 여기서 제물로 바쳐지는 우리의 몸은 "살아 있고 거룩하고 하나님께서 기뻐하시는 몸"입니다.[4] 이것이 바로 "영적 예배", 즉 "합당한 예배"입니다.

기독교 예배란 그리스도인의 삶 전부를 전인적으로 드리는 것을 의미합니다. 여기서 우리는 종교개혁 시대의 예배 개혁이 무엇을 의미하는지 배울 수 있는데, 즉 그것은 단지 정해진 시간에 드려지는 것만이 예배가 아니라, 중생한 그리스도인의 삶 전체가 예배의 삶이 되어야 한다는 것입니다. "그리스도께서는 단회적인 죽으심으로 우리의 참된 유월절 어린양이 되셨고, [이제] 하나님 앞에서 우리를 매일 변호하십니다. 그러므로 우리 또한 매일 우리 자신의 몸을 제물로 드릴뿐만 아니라 감사의 제사를 드려야 합니다."[5] 우리의 삶 전부를 드리는 산제사로서의 예배는 오직 성령 하나님을 통해 이루어집니다. 왜냐하면 우리 안에서 모든 것을 주장하고 역사하시는 분은 바로, 우리의 유일하고도 영원한 제사장이신 그리스도 예수의 영, 즉 성령이시기 때문입니다.[6] 이와 같은 제사는 다름 아닌 "그리스도의 사랑받는 신부인 모든 참된 그리스도인들", 즉 "그리스도 안에서 하나요 하나님의 제사장이 된" 사람들에 의해서만 드려지는 것입니다.[7]

예배개혁은 중세의 사제중심주의를 깨뜨린 "만인제사장"이라는 종교개혁의 대원리와 긴밀한 상관성을 지닙니다. 참된 기독교 예배는 대제사장이시요 친히 제물이 되신 독생자 그리스도로 말미암아 하나님의 자녀가 된 모든 그리스도인들이 이제 제사장으로써 바로 그 그리스도 안에서 자기 자신을 제물로 드리는 것입니다.[8]

여기서 기독교 예배와 그리스도인의 삶은 서로 분리될 수 없는 한 덩어리(corpus unum)라는 것을 깨닫게 됩니다. 또한 이와 같은 예배와 삶의 일치는 개혁교회의 예전에 중대한 영향을 끼친 스트라스부르의 개혁가 마르틴 부써의 신학에서 발견되는 가장 독특한 예배 원리입니다. 그에게서 예배는 삶의 일부가 아니라 전부입니다. 즉 그리스도인의 삶은 시작부터 끝까지 예배의 삶이라는 것입니다. 이런 점에서 부써의 예배 신학은 지극히 윤리적입니다. 부써 신학 전반에 걸친 지배적인 사상 가운데 하나인 이와 같은 윤리적 특성[9]은 이미 부써의 첫 작품에서도 잘 나타납니다. "이 모든 것으로부터 이제 분명한 것은 아무도 자기 자신을 위해 살아서는 안 된다는 것입니다. 그 이유는 하나님께서 만물을 창조하시되 자신이 아니라 다른 피조물들의 선을 위해 봉사하도록, 또한 하나님의 선하심을 만물 가운데 드러내는 도구가 되도록 창조하셨기 때문입니다. 주님께서는 창조 시에 그와 같은 질서를 세우셨고, 재창조 시에 다시 회복시키실 것입니다. 그래서 그는 이 질서를 파괴한 죄를 완전히 제거하시고 하나님의 나라를 회복하실 것입니다."[10]

3. 부써 예배론의 원리

부써는 자신의 예배 원리를 성경에서 발견했습니다.[11] 그는 예배 구성요소를 크게 세 가지, 즉 기도와 찬송, 성경봉독 및 해설, 성찬으로 분류했는데, 이러한 분류 근거를 특별히 사도행전 2장에서 찾았습니다. 특히 그 중에서도 "사도의 가르침과 교제와 떡을 뗌과 기도"를 언급하고 있는 사도행전 2장 42절에서 찾습니다.[12] 부써는 "사도의 가르침"을 설교로 이해하고, "교제"를 다양한 교회적 교제로 받아들이며[13], "떡을 뗌"을 성찬으로 해석합니다.[14] 그는 여기서 예배로서의 성찬이 사도의 가르침과 교제와 기도로부터 분리될 수 없는 것임을 배웁니다. 즉 사도의 가르침인 설교와 떡을 떼는 행위인 성찬은 한 예배를 구성하는 가장 중요한 요소라는 것입니다. 이때 설교는 반드시 성찬에 선행되어야 합니다. 왜냐하면 성찬에 참여할 수 있는 사람은 믿음을 고백한 수세자에게만 허락되는 것인데, 이 믿음은 오직 말씀을 들려주는 설교로부터 나오기 때문입니다. 즉 설교를 통해 믿음을 선물로 받은 자가 세례를 받고 성찬에 참여하는 것이 순서라는 것입니다.

부써에게서 설교와 성찬은 예배의 기본 구성요소일 뿐만 아니라, 참된 교회의 가장 중요한 표지이기도 합니다. 지상교회는 설교와 성찬 가운데 하나라도 잃어버리면 더 이상 참된 교회로서의 역할을 수행할 수 없게 됩니다. 이런 점에서 교회는 말씀공동체이면서 동시에 성찬공동체로 불립니다. 부써는 설교를 들을 수 있는 말씀으로, 성찬을 볼 수 있는 말씀으로 정의하면서 바로 이 두 말씀을 통해 교회의 성장이 이루어진다고 믿었습니다. 또한 그는 특별히 성찬에서 제공되는 빵과 포도주가 영적 음식이요 영적 음료이기 때문에, 신자가 이것을 먹고 마실 때 그의 믿음이 자라간다고 보았습니다.

선포되는 말씀으로서 설교와 가시적 말씀으로서 성찬은 신적 교제의 수단입니다. 하나님께서는 설교를 통해 자신의 백성들을 불러 모으시고, 성찬을 통해 친히 불러 모으신 자들과 함께 교제하기를 원하십니다. 말씀과 성찬의 예배는 거룩하신 하나님과 타락한 인간이 만나는 화해와 교제의 장입니다. 이 화해와 교제의 주체는 바로 성부 하나님의 영이시요, 성자 그리스도의 영이신 보혜사 성령 하나님이십니다. 왜냐하면 보혜사 성령 하나님은 "교통의 영"(Spiritus communicationis)이시기 때문입니다. 성령 하나님을 통해 하나님과 인간 사이에서 이루어지는 교제를 수직적 교제라 부를 수 있습니다. 그러나 말씀과 성찬으로서의 예배는 단순히 이와 같은 수직적 교제만을 의미하거나 목표로 삼지 않습니다. 왜냐하면 이 수직적 교제는 반드시 수평적 교제, 즉 그리스도의 몸 안에서 그를 머리로 모신 모든 지체 상호 간의 교제를 낳기 때문입니다. 하나님께서는 자신의 백성을 부르시되 그리스도의 몸에로 불러 모으시고, 그 몸에 연합된 지체들을 자신의 백성이라 인정하시고 그들과 교제하십니다.

성도들 간의 수평적 교제는 바로 이 수직적 교제의 결과물입니다. 따라서 전자는 항상 후자에 의존적입니다. 이것은 마치 하나님의 사랑이 성도의 사랑에 선행함으로써 후자가 항상 전자에 의존적인 것과 같은 원리입니다. 이런 의미에서 하나님과의 교제가 선행되지 않는 독립된 성도 간의 교제란 존재할 수 없으며, 수평적 교제를 낳지 않는 수직적 교제 역시 상상할 수 없습니다. 예배는 바로 이 두 종류의 교제가 가장 선명하게 가시화되는 장소입니다. 따라서 부써에게 있어서 예배공동체는 교제공동체인 교회의 중심개념입니다.

성령 하나님을 통한 수직적이고도 수평적인 교제로서의 예배는 "누림"과 동시에 "나눔"의 장입니다. 예배공동체에 참여하는 모든 그리스도인들은 자신이 가지고 있는 모든 영적인 것과 육적인 것을 서로 나누는 "나눔공동체"입니다. 그러나 부써에게서 영적인 은사는 무질서하게 나누어지는 것이 아니라 질서 있게 특별히 교회를 섬기는 직분이라는 수단을 통해 나누어져야 하며, 육적인 재산의 분배 역시 공동재산의 개념이 아니라 가난한 형제를 돕는 구제의 방법으로 이루어져야 합니다. 이런 점에서 부써의 나눔공동체 개념은 재세례파의 그것과 구분됩니다. 예배공동체는 나눔공동체이므로 영적 예배의 자리에 나오는 자는 빈손으로 오지 않고, 구제금을 가지고 와야 합니다. 이는 영적인 것과 육적인 것의 균형 잡힌 분배개념이 나눔공동체의 핵심이기 때문입니다. 이와 같은 나눔공동체로서의 예배공동체는 단순히 주일 하루만 존재하는 것이 아니라 일상생활을 통해서 매일 이루어져가야 하는 그리스도인들의 종말론적인 삶의 과정이요 목표입니다.

판 더 뿔은 자신의 박사학위 논문에서, 부써 예식문의 원천은 성경(the Bible)이요, 두 번째 기초는 공동체적 의미, 즉 윤리(the sense of community, ethics)이며, 세 번째 기초는 성령의 사역(the operation of the Holy Ghost)이고, 네 번째 기초는 기독교적 자유(Christian liberty)라고 예리하게 지적합니다.[15] 이와 같은 부써의 예배신학에 대한 분석은 정당하다고 할 수 있는데, 이는 부써가 예배의 원리와 내용을 다른 무엇보다도 성경에서 찾으려고 했다는 점에서, 그리고 예배공동체를 믿음과 사랑을 통해 그리스도의 한 몸을 이루는 교제공동체로 이해함으로써 신자들이 함께 하나님을 섬기고 서로를 섬기는 공동체적 윤리의식을 강조했다는 점에서, 또한 성도들의 예배와 삶 모두 거룩하게 하시는 성령 하나님의 사역 없이는 불가능한 것으로 보았다는 점에서, 마지막으로 예배형식에 있어서 통일된 획일적인 것을 고집하지 않고, 다양한 환경 속에서 다양한 형식으로 드려질 수 있다는 다양성을 인정했다는 점에서 그렇습니다.

4. 부써 예전 개혁의 의의

16세기 제네바 예배문을 전공한 맥스웰은 부써 예전 개혁의 의미와 특징을 다음과 같이 약술합니다. "니케아

신경의 대안으로 사도신경이 제시되고, 로마 교회의 축도 대신 아론의 축도가 선언될 수도 있습니다. 그리고 회중에게 예배에 참여할 수 있는 기회를 제공하는 독일어 운율의 시편과 찬송이 나타납니다. 때때로 교대로 사용되고 있긴 하지만, '주의 만찬', '목사', '성찬대'와 같은 용어들이 '미사', '사제', '제단'과 같은 용어들을 대체하기 시작합니다. 예배를 구성하고 있던 라틴어 명칭들도 점차 독일어 명칭으로 대체됩니다. 그리고 서신서와 복음서는 더 이상 과거의 예배 성구집에 따라 선택되지 않지만, 오히려 더 많이 봉독될 뿐 아니라 훨씬 길게 봉독됩니다. 설교는 정규적으로 시행되었으나, 종종 봉독된 각 본문 가운데 하나가 설교본문이 됩니다."[16]

이렇게 평가될 수 있는 근거에 대해 스트라스부르의 신학자는 일찍이 예배의 개혁에 관한 자신의 첫 논문인 『주의 성찬의 갱신에 대한 성경적 기초와 기원』(*Grund und ursach auß gotlicher schrifft der neuwerungen an dem nachtmal des herren. 1524*)"에서 다음과 같이 주장합니다.

"회중들이 일요일에 회집할 때, 봉사자는 그들에게 죄를 고백하도록, 그리고 은혜를 간구하도록 권면하고 온 회중을 대신해서 회개하고 은혜를 간구하며 신자들에게 죄의 사면을 선언합니다. 그러면 온 회중은 짧은 시편이나 찬송가를 노래합니다. 그런 다음 봉사자는 짧게 기도한 다음, 사도 서신 가운데 일부를 회중에게 낭독하고 그것을 매우 짧게 설명합니다. 그러면 회중이 다시 십계명 혹은 다른 어떤 것을 노래합니다. 그 다음 사제가 복음을 선포하고 바른 설교를 시행합니다. 그런 다음 회중이 신앙고백문(사도신경 등)을 노래합니다. 그 다음 사제는 정부와 인류를 위해 기도하고, 특히 참석한 회중들을 위해 기도하되, 그리스도의 죽음을 효과적으로 기념하기 위해 믿음과 사랑과 은혜가 증가하도록 기도합니다. 그는[사제는] 그와 함께 그리스도의 성찬을 받고자 하는 사람들에게 그들이 그것을 그리스도를 기념하기 위해 받기를 원하도록, 그리고 그들이 자신들의 죄를 도말하고 기꺼이 자신들의 십자가를 지고 진리 안에서 이웃을 사랑하기 위해 믿음 안에서 강건해지도록 권면합니다. 여기서 [믿음이란] 그리스도께서 우리를 위해 십자가에서 자신의 몸과 피를 아버지께 바치신 그 측량할 수 없는 은혜와 선하심을 우리에게 증거하셨다는 것을 우리가 신실한 마음으로 묵상할 때 발생하는 바로 그것입니다. 권면한 후에 그는 바울과 더불어 세 복음서 기자인 마태와 마가와 누가가 기록한 것(마 26:26-28; 막 14:22-24; 눅 22:19-20; 고전 11:23-25)과 같은 그리스도의 성찬에 관한 복음을 선포합니다. 그런 다음 사제는 주님의 빵과 잔을 그들에게 나누어 주고 자신도 그것을 취합니다. 곧이어 회중은 다시 찬송을 부릅니다. 그런 다음 봉사자는 짧은 기도로 성찬을 마무리하고, 백성에게 축도하고 그들을 주님의 평안 가운데 돌려보냅니다. 이것이 우리가 그리스도의 성찬을 단지 주일에만 거행하는 방법과 관례입니다."[17]

부써의 이와 같은 예배신학은 개혁교회 예전의 기원이 되는 스트라스부르 예배문[18]과 제네바 예배문[19]의 기원이 되었음에도 불구하고, 중세의 예배형식 전부를 거부한 것이 아닙니다. 부써의 예배문은 형식면에서 완전히 새로운 창작물이 아니라, 중세 예배의 두 형태인 prone[20]과 Missa[21]를 종합하여 보다 성경의 가르침과 초대교부들의 가르침에 충실하도록 개작한 것이라 할 수 있습니다. 그러나 내용면에서 그것은 본질적인 차이를 나타냅니다. 즉 중세의 예배를 대표하는 미사는 그리스도의 희생제사와 그것에 참여하는 것이 참여자의 덕을 쌓는 공로가 된다는 개념이 지배적이었던 반면, 부써의 예배 개념은 제사로서의 그리스도의 죽으심의 단회성을 강조함으로써 그리스도의 희생제사 개념을 거부하고, 오직 하나님의 은혜로 구원받을 수 있다는 교리를 가르치고, 기독교 예배를 찬미와 감사의 제사로 정의함으로써 예배행위에 있어서 모든 인간의 공로개념을 거부했습니다.

부써의 주일오전 예전이 중세의 예전과 구별되는 가장 큰 특징은 설교 중심의 말씀예배와 성찬을 시행하는 성찬예배를 구분하지 않고 결합시켰다는 점입니다. 그리고 이러한 예배를 대성당에서는 매주 실시하고, 교구교회들에서는 최소한 한 달에 한 번 정도는 실시하도록 했다는 점입니다. 이것은 주일오전 예배의 중심이 단지 설교에만 있는 것이 아니며, 성찬의 비중 역시 설교 못지않게 컸다는 것을 의미합니다. 부써와 같이 칼빈 역시 제네바 교회를 위해 최소한 매주 성찬식을 거행하기를 원했으나, 정부가 제시한대로 년 4회, 즉 크리스마스, 부활절, 오순절, 그리고 10월 첫째 주에 성찬식을 거행할 것을 수용함으로써 그의 본래 의도는 실행되지 못했습니다. 이와 같이 부써와 칼빈이 성찬이 자주 시행되기를 원했던 것은 그들이 성찬을 가시적인 말씀으로 보았기 때문이요, 이 가시적인 말씀인 성찬의 떡과 포도주를 먹고 마심으로 믿음이 자란다고 보았기 때문입니다. 이런 점에서 부써는 들을 수 있는 말씀인 설교와 볼 수 있는 말씀인 성찬을 일요일 오전예배의 가장 중요한 요소로 다루었습니다. 그러나 부써는 성찬이 사적으로 베풀어지거나 일요일 이외의 날에 베풀어지는 것에 대해서는 반대했습니다. 물론 장기

투병환자와 같은 경우에는 심방을 통한 개인적인 성찬이 허락되었습니다.

중세의 예배와 구별되는 또 다른 요소는, 죄의 고백과 사죄선언에 대한 반응으로써 십계명이 도입되어 노래로 불리워진 것과 말씀예배와 성찬예배가 분리되지 않고 결속되어 있는 것입니다. 초기의 부써 예배신학에서 이전에 없었던 십계명이 도입된 것은 획기적입니다. 노래하는 것은 부써가 모세의 율법을 죄를 지적하는 기능(functio accusatoria)보다는 하나님의 구속의 은혜를 받은 자들이 자신의 감사를 표현하는 찬양의 요소(elementum laudatorium)로 간주한 것과 일치합니다.[22] 스트라스부르 개혁가의 십계명에 대한 이와 같은 견해는 출애굽기 20장 2절에서처럼, 모세의 십계명이 이스라엘을 애굽에서 인도하여 내신 여호와 하나님으로부터 주어졌다는 사실에 근거하고 있습니다.

시편송은 제네바 개혁가인 칼빈을 거쳐 개혁교회 예배의 전통이 된 시편찬송의 길을 마련하였습니다. 부써는 시편의 히브리어 본문 원본 회복에 힘썼을 뿐만 아니라 그것의 기독교적 해석을 시도했는데, 그 이유는 그가 시편을 "성령의 노래들"(the songs of the Holy Spirit)로 보았고, 따라서 가장 기독교적인 기도라고 생각했기 때문입니다.[23] 우리가 여기서 알 수 있는 것은 부써가 예배 속의 찬송을 그 자체에 독립된 의미가 있다고 생각하기보다는 기도와 신앙고백, 십계명 등을 아름답게 표현할 수 있는 수단으로 생각했다는 것입니다. 이러한 생각은 시편의 내용과 신약에 나타나는 찬양의 내용을 고려한 성경적인 기초에 근거한 것입니다. 쯔빙글리가 예배에서 음악을 사용하는 것에 대해 부정적이었던 반면, 부써는 예배에서 음악의 중요성을 누구보다 잘 알고, 그것을 적극 활용하기 위해 여러 찬송집을 편집했는데, 그는 그 일을 통해 당시 스트라스부르 교구교회들이 각기 따로 사용하던 찬송집을 통일시키는 길을 마련하였습니다. 이러한 예배개혁은 그가 예배를 찬미의 제사로 간주했다는 사실과 부합할 뿐만 아니라, 예배 진행이 지나치게 집례자에게 집중되지 않게 함으로써 예배가 모든 예배 참여자를 위한 것임을 느낄 수 있도록 했습니다.

 나눔공동체의 가장 중요한 육체적 나눔은 형제 가운데 가난한 자를 돕기 위한 구제금을 모금하는 일이었는데, 이 구제금은 두 가지 방법으로 거두었습니다. 그 중 하나는 교회당을 출입하면서 낼 수 있도록 교회당 안이나 교회문 밖에 통을 두어 거두는 방법이었고, 다른 하나는 예배순서 중에 주머니를 돌려서 거두는 방법이었습니다.

이 두 방식 모두 중세에도 존재한 것이었으나, 그 의미 면에서는 차이가 있습니다. 그것은 중세의 헌물과 헌금이 일차적으로 중세적 공로신학과 연결되어 자신의 덕을 쌓는 공로로 이해되었던 반면, 부써에게서 구제금이란 나눔 공동체로서의 예배 개념에서 비롯된 것으로서 형제 상호간에 영적인 것을 나누듯이 물질적인 것을 나누는 단순한 수단으로 이해되었기 때문입니다.

부써는 비록 중세의 성찬예배 순서 가운데 하나인 "sursum corda"(마음을 들어올려)를 자신의 예전에 남겨 두지는 않았지만, "sursum corda"의 본래 개념은 그의 성찬론을 이해하는 중요한 열쇠입니다. 칼빈처럼 부써 역시 이 개념을 빌어 그리스도의 임재를 설명하려고 했습니다. 즉 그리스도께서 이 지상에 내려오시는 것이 아니라 성찬 시 우리의 마음이 모든 감각적인 것들 위로 들어 올려져야 하며, 천상의 영광 가운데 계신 주님은 바로 믿음을 통해 높이 들려진 그 마음에 임재하신다는 것입니다.[24]

믿음을 통한 그리스도의 임재는 비단 성찬에서만 발생하는 것이 아닙니다. 그리스도는 자신의 성령으로 믿음을 가진 신자 안에 내주하십니다. 신자 속에 거처를 정하시고 상주하시는 그리스도의 임재는 성찬에서 가장 분명하게 재확인될 수 있고, 또 재확인되어야 한다는 것이 부써의 "sursum corda" 개념의 핵심입니다.

중세 로마교의 축도 대신에 아론의 축도가 도입된 것도 특이한 점입니다. 그러나 부써의 예전신학에 있어서 무엇보다도 중요한 사실은 그가 제시한 이러한 예배순서를 절대화하지 않았다는 것입니다. 그는 예배순서를 만드는 일은 교회가 처한 환경에 따라 다양성을 표현할 수 있도록 개교회의 자유의 영역, 즉 아디아포라의 문제로 보았습니다. 다만 신약교회의 예배모범인 사도행전 2장에 나타난 기본적인 원리는 존중되어야 한다고 생각했습니다.

결론

종교개혁가 마르틴 부써의 예배 개혁의 원리와 실제는 그의 교회관과 밀접한 연관을 가집니다. 그는 교회를 그리스도의 몸으로 정의합니다. 그에 따르면, 하나님께서는 지상 교회를 통해 자신의 모든 선택된 백성들을 그 몸으로 불러 모으시고 그 몸 안에서 자신과의 수직적인 교제뿐만 아니라, 그들 상호 간의 수평적인 교제를 지속해 가도록 하십니다. 부써는 이 교제가 그리스도인의 거듭난 삶 전체를 통해 이루어지는 것이지만, 특별히 예배를 통해 가장 분명한 모습으로 가시화되는 것이라고 생각했습니다. 따라서 부써의 예배론에 있어서 가장 중요한 요소는 바로 이와 같은 교제 개념입니다. 이 교제의 길은 이미 교회의 머리되신 그리스도에 의해 마련되었기 때문에 더 이상 희생 제사로서의 미사는 불필요한 것으로 보았으며, 오히려 하나님께로부터 받은 것을 감사함으로 나누는 찬미의 제사로 간주했습니다. 부써에게서 찬미의 제사인 예배는 말씀과 성찬이라는 두 요소를 통해 이루어지는 수직적이고도 수평적인 교제였습니다. 이 교제는 단지 영적인 은사들을 나누는 것에만 국한되지 않습니다. 부써는 육적인 소유를 분배하는 것 역시 그 교제의 핵심 요소로 보았습니다. 따라서 교회에 가져오는 돈은 하나님께 제물로 바치는 구약적인 헌금 개념이라기보다는 한 지역 교회 내의 고아와 과부와 같은 가난한 자들의 필요를 채우기 위해, 혹은 가난한 다른 교회를 돕기 위해 마련되는 신약적인 연보 개념이었습니다. 부써는 이러한 영적 은사와 육적 소유를 서로 나누는 것이야말로 그리스도인의 삶에서뿐만 아니라 기독교 예배에서 가장 중요한 일로 보았습니다. 이것은 그가 그리스도인의 삶과 예배를 교제로 이해했기 때문입니다. 이와 같은 예배와 삶 사이의 밀접한 상관성이 오늘날 새로운 예배 형식을 원하는 한국교회에 고려된다면, 보다 건전한 예배 개혁이 이루어질 수 있을 것입니다.

주

1) "그러나 이제 어떻게 하면 우리가 처음 창조되었을 때처럼 우리 자신을 위해서가 아니라 다른 사람들을 위해서, 그리고 하나님의 영광을 위해서 사는 삶으로 되돌아갈 수 있는지 말해야 한다. 즉 간단히 말해서 신앙만이 우리를 그와 같은 [길]로 인도한다는 것이다. 그리스도 예수께서는 우리의 구세주이시며 만물이 그분을 통해 지어졌기 때문에, 하나님께서도 만물을 그분을 통해 다시 그것들이 창조되었던 첫 질서 안에서 회복시키시는 것을 기뻐하셨다. … [예수님께서는] 그들이 그리스도를 믿도록, 즉 그분을 전적으로 신뢰하도록, 자신의 피를 통해 그들을 성부의 속죄와 은혜 속에 회복시키셨고, 나아가 만물에 대해서도 그분의 성령을 통해 첫 질서를 따라 그렇게 하셨다." *MBDS* (= *Martin Bucers Deutsche Schriften* (Gütersloh: Gerd Mohn/Paris: Presses Universitaires de France, 1960sqq.)) 1, 59–60: "Wie wir aber zu solchem leben wider kummen mogen, das wir, wie wir erstlich geschaffen seind, nit uns selb, sonder den andern zu nutz und gott zu lob leben, ist nun zu sagen. Und das ichs mit kurtzem anzeyg, bringt uns solchs allein der Glaub zuwegen. Dann Christus Jhesus unser heyland ist der, durch den wie alle ding geschaffen seind, also hat gott gefallen durch yn auch alle ding wider zu bringen und in ire erste ordnung, in die sye geschaffen seind, stellen. … Und das, so sye glauben in Christum, das ist, im gantzlich vertruwen, er hab sye durch sein blut wider in sun und gnad des vatters gestelt und also folgend durch sein geist wider auch gegen allen creaturen erstlicher ordnung nach, …"

2) 1세대 종교개혁가들 가운데 부써는 기독교 예배를 교회건설로 정의한 대표적인 인물이다. 참고. Hughes Oliphant Old, *Guides to the Reformed Tradition: Worship That Is Reformed According to Scripture* (Atlanta: John Knox Press, 1984), 8.

3) *MBDS* 1, 235: "Aber das wir, wie er sich selb einmal geopffert hat, auch wir unsere leyb zum opffer begeben mit den opfferen des lobs und der dancksagung." 참고. *MBDS* 11/1, 285.

4) *MBDS* 1, 61: "…, das wir unser leib begeben sollen zum opffer, das do lebendig, heylig und gott wolgefellig ist, …"

5) *MBDS* 4, 144: "Christus ist ein mal gestorben, unsers wares osterlammli, und vertrit uns aber vor dem vatter taglich. So sollen ouch wir unser eygen lyb und danck ouch taglich uffopfern."

6) *MBDS* 4, 144: "Welches alles in uns der geist Christi Jesu, unsers einigen und ewigen opferers, wurcket."

7) *MBDS* 1, 235: "Von solchen opfferern, das ist von allen woren Christen, die dan ein geliebte spons Christi seind, … wir alle eins in Christo und gottes sacerdotes, das ist opfferer sein, … "

8) "그[=그리스도] 안에서 우리는 하나님께 우리 자신 이외에 아무것도 드릴 것이 없다." *MBDS* 1, 217: "…, in dem[=Christus] wol wir gott nichs auffopfferen, dann uns selb, … "

9) 부써의 윤리적 신학사상에 대해서는 다음의 책을 참조하라. Karl Koch, *Studium Pietatis. Martin Bucer als Ethiker* (Neukirchen: Neukirchener Verlag, 1962).

10) *MBDS* 1, 50: "Uß disem allem ist nun clar, das ym selb niemant leben soll. seittenmal gott alle ding geschaffen hat, das sye nit ynen selb, sonder andern zu gut dyenen und instrument gottlicher gutigkeit, die in allen dingen auß zuspreyten, sein sollen. welche ordnung der herr erstlich in der schopfung eingesetzt hat und wurt sye wider bringen in der welt verneuwerung, so die sund, welche dise ordnung etwas zerruttet hat, gar abthon und das reich gottes wider bracht wurt."

11) 이것은 물론 부써가 초대교부들의 예전교리에 크게 영향을 받았다는 사실에도 불구하고, 성경이 그의 예전 신학의 일차적인 자료였다는 것을 의미한다.

12) 참조. *MBDS* 1, 211, 245, 247; H.O. Old, *Guides to the Reformed Tradition: Worship That Is Reformed According to Scripture*, 3-4. 맥키는 종교개혁 당시 로마교 신학자들도 아니고 루터파와 재세례파 지도자들도 아닌 개혁파에 속하는 몇몇 종교개혁가들만이 이 본문을 초기신약교회의 예배에 대한 묘사로 이해했다고 지적한다(참고. Elsie Anne McKee, *John Calvin on the Diaconate and Liturgical Almsgiving* (Geneve: Droz, 1984), 74.). 맥키는 자신의 책에서 사도행전 2장 42절을 예전적인 것으로 이해하는 대표적인

인물로서 삐에르 비레와 칼빈, 그리고 부써를 든다. 그녀는 이 세 개혁가 모두 이 본문을 해석할 때, 라틴역본인 불가타 성경에 따라 세 부분으로 구성된 것으로 간주하기보다는, 에라스무스가 편집한 헬라어 성경에 따라 네 부분으로 구성된 것으로 간주한다고 지적한다. 즉 그들은 그 구절이 '사도의 가르침, 떡을 뗌의 교제, 기도'라는 삼중적 구조가 아니라, '사도의 가르침, 교제, 떡을 뗌, 기도'라는 사중적 구조로 되어 있다고 본다는 것이다. 그러나 맥키가 주장하는 것처럼, 부써가 항상 이 구절을 사중적인 구조로만 인용하는 것은 아니다. 이 구절의 삼중적인 구조에 대한 부써의 인용에 대해서는 다음을 참고하라. *MBOL*(=*Martini Buceri Opera Latina* (Leiden: E.J. Brill, 1982sqq.)) 1, 33.

13) 부써는 이 본문에서 '교제'가 구체적으로 무엇을 의미하는지 해설하고 있지 않지만, 그가 이 교제를 본질적으로 '성도 간의 사랑의 교제'로 이해한다는 점에서는 의문의 여지가 없다. 왜냐하면 스트라스부르의 개혁가에게 있어서 교회는 영적인 것뿐만 아니라 육적인 것까지도 사랑으로 나누는 교제공동체이기 때문이다. 따라서 '성도의 교제' 속에는 '구제', '성찬', '치리' 등 모든 교회적 교제가 포함된다고 볼 수 있다. 부써가 이 교제를 '구제'와 '치리'로 이해한다는 점에 대해서는 E.A. McKee, *John Calvin on the Diaconate and Liturgical Almsgiving*, 76-77를 참조하라. 그가 그것을 '성찬'의 교제로 이해한다는 점에 대해서는 *MBOL* 1, 33를 참조하라.

14) 네 가지 요소, 즉 사도의 가르침과 성도의 사랑과 교제, 성찬과 기도 가운데 제일 중요한 것은 사도의 가르침이다. 나머지 세 가지 요소는 모두 이 사도의 가르침에 의존적이다. 그리고 성찬 외에 나머지 세 가지 요소는 사실상 그리스도인의 일상생활에서도 접할 수 있다.

15) G.J. van de Poll, *Martin Bucer's Liturgical Ideas* (Assen: Van Gorcum, 1954), 15-17.

16) William D. Maxwell, *An Outline of Christian Worship: Its Development and Forms* (London: Oxford University Press, 1945), 91. = 『예배의 발전과 그 형태』, 정장복 역 (서울: 쿰란출판사 1996), 126. : "…; the Apostles' Creed is given as an alternative to the Nicene; the Aaronic Blessing may be said instead of the Roman Blessing; psalms and hymns in German metre appear, providing the people with opportunity to participate in the service; such phrases as, 'Lord's Supper', 'Minister', 'Holy

Table' are beginning to replace 'Mass', 'Priest', 'Altar', though there is a good deal of interchanging for some time; the Latin titles for the parts of the service are gradually replaced by German titles; the Epistles and Gospels are no longer selected according to the old lectionaries, but are read in course and are of greater length; sermons are regularly preached, sometimes one on each lection;…" 한글 번역서 p.126를 참고하라. 이 본문에 대한 정장복 교수의 번역은 신중하지 못하다.

17) *MBDS* 1, 246-247: "So am Sonnetag die gemein zusamenkompt, ermant sye der diener zur bekantnuß der sunden und umb gnad zu bitten und beichtet gott anstat gantzer gemein, bit um gnad und verkundt den glaubigen abloß der sunden, auff das singt die gantz gemein etlich kurtz psalmen oder lobgesang. Dem nach thut der diener ein kurtz gebett und liset der gemein etwas von Apostel schrifften und verclert dasselbig auffs kurtzest. Daruff singt die gemein wider die zehen gebott oder etwas anders, alsdann so verkundt der priester das Evangelion und thut die recht predig, auff die singt die gemein die artickel unsers glaubens, auff das thut der priester fur die oberkeit und alle menschen und besonder fur die gegenwertig gemein ein gebett, in wolchem er bittet umb merung des glaubens und lieb und gnad, die gedechtnuß des tods Christi mit frucht zu halten. Darauff vermanet er die, so mit im das nachtmal Christi haten wollen, das sye solichs zu gedechtnuß Christi also halten wollen, das sye iren sunden abzusterben, ir creutz willig zu tragen, den nechsten in der worheit zu lieben, im glauben gesterckt werden, das dann geschehen muß, wo wir mit glaubigem hertzen erachten, was unmessiger gnad und guthat Christus uns bewisen hat, in dem das er sein leyb und blut am creutz fur uns dem vater auffgeopffert hat. Auff die vermanung verkundet er das Evangelion vom nachtmal Christi, wie es die drey Evangelisten Matteus [26, 26-28], Marcus [14, 22-24] und Lucas [22, 19-20] sampt Paulo 1. Cor. 11 [23-25] beschriben haben. Darauff teilet der priester das brot und den kelch des herren under sye und neusset es auch selb. Also bald singt die gemein wider ein lobgesang, demnach beschleust der diener das nachtmal mit eim kurtzen gebett, segnet das volck und lasset es im friden des herren hingon. Diß ist die weiß und der brauch, mit dem wir nun me das nachtmal Christi auff die Sonnentag allein halten." 참조. Christian Zippert, *Der Gottesdienst in der Theologie des jungen Bucer* (Marburg: Karl Wenzel, 1969), 228-229. 이 본문의 영어 번역과 한글 번역은 다음을 참고하라. W.D. Maxwell, *An Outline of Christian Worship: Its Development and Forms*, 100-101 =『예배의 발전과 그 형태』

18) 스트라스부르의 1526년 예배문에는 중세의 prone에 해당하는 매일 4번의 말씀 예배[새벽 5시(겨울) 혹은 4시(여름) 미사, 7시 교구교회 설교예배, 8시에 대성당 예배, 4시 쯤 오후예배]와 일요일에는 6번의 예배가 있어 일하는 사람들이 설교를 들을 수 있는 기회가 많았던 것으로 기록되어 있다. 이러한 일상 예배는 부써의 영향으로 차츰 하루 두 번의 설교 중심 예배, 즉 각 교구 교회에서의 아침 기도회와 중앙 대성당에서의 저녁 예배로 줄어들었다. 이것 이외에도 매일 신자들에게 성경을 해설하는 성경공부 형식의 모임이 있었다. 기도회와 예배 시작 시간은 년도에 따라 조금씩 차이가 나는데, 예를 들면, 1528년에는 오전 6시(여름) 혹은 7시(겨울)에 기도회를, 오후 3시(여름) 혹은 2시(겨울)에 예배를 드렸고, 1537년에는 오전 4시(여름) 혹은 5시(겨울)에 기도회를, 오후 4시(여름) 혹은 3시(겨울)에 예배가 시작되었다. 그러나 이것 이외에도 오전 8시에 대성당에서 설교를 들을 수 있었다. 일요일에는 대성당에서 오전 기도회가 있고, 각 교구 교회에서는 오전 6시에 예배를 드리는데, 이 때 성찬이 시행될 수 있었다. 중식 후에 대성당에서는 교회기도와 시편찬송 위주의 예배가 드려지고, 이것이 끝나면 곧이어 목사가 어린이들에게 교리문답을 상세히 해설하고 가르치는 어린이예배(Kinderbericht)가 진행되었다. 마지막으로 각 교구교회에서는 저녁예배가 있었는데, 이 예배는 찬송과 기도 위주의 교훈적 성격이 강했으며, 이 때 세례를 거행할 수 있었다. 모든 교구 교회들은 아침저녁으로 성인을 위한 교리문답 교육(gemeyne catechismus)을 1년에 네 번 실시했으며, 이 때 신앙고백문과 십계명, 주기도문, 성례 등이 해설되었다. 대부분의 예배들은 교회에 따라 순서와 내용에 있어서 어느 정도 자유로웠으나, 일요일 오전예배를 위해서는 일정한 예배문(a prescribed liturgy)이 있었다. 1537-1539년 사이의 스트라스부르의 주일오전 예배순서는 다음과 같다: 성경본문 낭독 / 죄의 고백 / 죄의 용서에 관한 성경본문 낭독(주로 딤전 1:15절 낭독. 때로 요 3:16; 3:35-36a; 행 10:43; 요일 2:1-2 중 하나 낭독) / 사죄선언 / 시편송[혹은 찬송 혹은 자비송(Kyrie eleyson)과 영광송(Gloria in excelsis)] / 말씀의 깨달음을 위한 짧은 기도문 / 시편송 / 복음서 설교본문 낭독 및 해설 / 권면[혹은 사도신경송] / 국가와 사회와 교회를 위한 중보기도 및 성찬을 위한 기도(주기도문으로 종결됨) / 성찬제정 본문 낭독 / 빵을 뗌 / 분병분잔[그 동안 '하나님이 찬양받으시기를'(Gott sey gelobet) 혹은 다른 찬송이 불림] / 감사기도문 / 아론의 축도. 예배순서에 대해서는 다음의 책

들을 참고하라. Friedrich Hubert ed., *Die Straßburger liturgischen Ordnungen im Zeitalter der Reformation nebst einer Bibliographie der Straßburger Gesangbucher* (Göttingen: Vanderhoek und Ruprecht, 1900), 90–114; G.J. van de Poll, *Martin Bucer's Liturgical Ideas*, 33–43; W.D. Maxwell, *An Outline of Christian Worship: Its Development and Forms*, 102–110. 맥스웰은 그의 책 p.101에서 이 예식서가 칼빈과 스코틀랜드 예식서들의 기원이 되었다고 지적한다.

19) 칼빈이 1541년 제네바로 돌아온 이후에 제네바 교회에서 사용했던 제네바 예배문은 기본적으로 부써의 예배문을 약간 개정해서 사용한 스트라스부르의 프랑스 피난민 교회 예배문과 다른 차이점을 보여준다.

20) '훈화예배' 혹은 '기도회'로 번역될 수 있으며, 성례전이 없는 성경봉독과 도덕적 교훈과 기도 중심의 예배였고 모든 순서는 자국어로 진행되었다. 예배순서는 다양했으나, 대체로 기도/서신서와 복음서 낭독/신앙고백/설교/권면/주기도 등의 순으로 진행되었다.

21) '미사'로 번역되며 prone과는 달리 성례전적이고 대부분의 순서는 라틴어로 진행되었다.

22) 물론 이러한 원리가 항상 스트라스부르 예전에 그대로 반영된 것은 아니다. 거기서 때로 십계명은 노래되기 보다는 사죄의 기도 속에 포함되기도 했다.

23) 참고. H.O. Old, *Guides to the Reformed Tradition: Worship That Is Reformed According to Scripture*, 49.

24) 참고. W.P. Stephens, *The Holy Spirit in the Theology of Martin Bucer* (Cambridge: The University Press, 1970), 258.